Anaïs Nin wurde 1903 in Neuilly bei Paris als Tochter des spanischen Musikers und Komponisten Joaquin Nin geboren. Später verließ der von ihr abgöttisch verehrte Vater die Familie, was sie nie ganz verwunden hat. Als Dreizehnjährige kam sie in die USA. Schon damals begann sie, ein Tagebuch zu schreiben. Mit fünfzehn Jahren verließ sie die Schule und versuchte, sich als Autodidakt in Bibliotheken weiterzubilden. In den zwanziger Jahren heiratete sie Hugh Guiler und ließ sich in Louveciennes bei Paris nieder. Seit 1931 war Anaïs Nin mit Henry Miller befreundet. Beide haben sich künstlerisch stark beeinflußt. Ihr ist es auch gelungen, einen Verleger für Millers »Wendekreis des Krebses« zu finden. In ihrem Heim in Greenwich Village verkehrten viele Künstler, u. a. Dali, Max Ernst, Yves Tanguy, Tennessee Williams, William Saroyan und Henry Miller. 1932 erschien »D. H. Lawrence – An Unprofessional Study«, ihre erste größere Arbeit als Schriftstellerin. Im Frühjahr 1966 wurden die ersten Proben aus ihren Tagebüchern veröffentlicht, die aber schon lange vorher als die bedeutsamste Confessio des Jahrhunderts galten. Inzwischen sind ihre Tagebücher auch in deutscher Sprache erschienen. Anaïs Nin ist 1976 in Kalifornien gestorben.

Von Anaïs Nin sind bisher erschienen:

Das Delta der Venus (Band 742)
Die verborgenen Früchte (Band 806)
Djuna oder Das Herz mit den vier Kammern (Band 1270)
Henry, June und ich (Band 3252)
Briefe der Leidenschaft 1932–1953 (zs. mit Henry Miller, Band 3159)

Dieses Buch wurde auf chlor- und säurefreiem Papier gedruckt.

Vollständige Taschenbuchausgabe Mai 1994
Droemersche Verlagsanstalt Th. Knaur Nachf., München
Lizenzausgabe mit Genehmigung des Scherz Verlag,
Bern und München.

Titel der Originalausgabe »In Favor of the Sensitive Man
and Other Essays«
Einzig berechtigte Übersetzung aus dem Amerikanischen
von Dieter M. Beer
Umschlaggestaltung: Manfred Waller
Umschlagillustration: Monika Gilsing, Leezen
Druck und Bindung: Elsnerdruck, Berlin
Printed in Germany
ISBN 3-426-65052-5

2 4 5 3 1

Anaïs Nin

Die neue Empfindsamkeit

Über Frau und Mann
und andere Essays, Vorträge
und Aufsätze

Knaur®

Inhalt

Über Frau und Mann

Die Erotik der Frau

Aus eigener Erfahrung würde ich sagen, daß die Frau die Trennung zwischen Liebe und Sinnlichkeit, die der Mann macht, nicht kennt. Normalerweise ist beides in der Frau vereinigt; sie mußt entweder den Mann, dem sie sich hingibt, lieben oder von ihm geliebt werden. Nach der Vereinigung scheint sie die Gewißheit zu brauchen, daß es Liebe war und daß der Akt der sexuellen Besitznahme Teil eines Tausches ist, der von der Liebe bestimmt wird. Die Männer beklagen sich, daß die Frauen Bestätigung oder Liebesbezeigungen verlangen. Die Japaner haben dieses Bedürfnis erkannt, und so war es in früheren Zeiten eine feste Regel, daß der Mann nach einer Liebesnacht ein Gedicht verfassen und es seiner Geliebten darbringen mußte, ehe sie erwachte. Was war das, wenn nicht die Verkettung von Liebesakt und Liebe?

Ich glaube, daß die Frauen einen jähen Weggang, die mangelnde Anerkennung des Rituals, das stattgefunden hat, nach wie vor übelnehmen. Sie brauchen immer noch die Worte, den Anruf, den Brief, die Gesten, die den sinnlichen Akt zu einem besonderen – nicht zu einem anonymen oder bloß sexuellen – machen.

Dies Bedürfnis könnte bei der modernen Frau verschwinden (oder auch nicht), die darauf bedacht ist, alle ihre früheren »Ichs« zu leugnen; sie wird diese Trennung zwischen Sex und Liebe vielleicht erreichen, die meiner Meinung nach das Vergnügen schmälert und die gesteigerte Qualität des Liebesakts mindert. Denn dieser wird von einem emotionalen Gehalt erhöht, gesteigert und intensiviert. Man könnte den Unterschied mit dem zwischen einem Solisten und der unermeßlichen Klangweite eines Orchesters vergleichen.

Wir alle sind dabei, unsere falschen »Ichs«, die programmierten, die von unseren Familien, unserer Kultur, unseren Religionen geschaffenen »Ichs« abzustreifen. Dies ist eine gewaltige Aufgabe, weil die Geschichte der Frauen ebenso unvollständig überliefert ist wie die der Schwarzen. Die Tatsachen sind verschleiert worden. Einige Kulturen, wie etwa die indi-

sche, die kambodschanische, die chinesische oder die japanische, haben ihr sinnliches Leben dank ihrer Künstler durchaus zugänglich und vertraut gemacht. Aber die Frauen sind oft, wenn sie die Facetten ihrer Sinnlichkeit offenbaren wollten, unterdrückt worden. Nicht in einer so krassen Weise, wie dies mit D. H. Lawrence geschah, dessen Werke man verbrannte, oder mit Henry Miller oder James Joyce, die man mit dem Bann belegte, sondern in Form einer langen, anhaltenden Verunglimpfung seitens der Kritiker. Viele Frauen nahmen Zuflucht zu Männernamen, unter denen sie ihre Werke herausgaben, um dem Voruteil zu entgehen. Vor wenigen Jahren erst hat Violette Leduc die offenste, überzeugendste und bewegendste Schilderung der Liebe zwischen Frauen beschrieben. Sie wurde ihrem Publikum durch Simone de Beauvoir vorgestellt. Doch jede Kritik, die ich über sie las, war eine moralische Verurteilung ihrer Offenheit. Im Fall von Henry Miller gab es keine moralische Verwerfung des Verhaltens seiner Charaktere, nur Bedenken wegen der Sprache. Violette Leduc hingegen griff man persönlich an.
Violette Leduc ist äußerst freimütig in *Die Bastardin*:

»Isabelle zog mich nach hinten, sie legte mich auf das Federbett, sie hob mich an, sie hielt mich in ihren Armen: sie nahm mich aus einer Welt, wo ich nicht gelebt hatte, um mich in eine Welt zu werfen, wo ich noch nicht lebte; die Lippen preßten meine auseinander, befeuchteten meine Zähne. Die zu fleischige Zunge erschreckte mich: das sonderbare Geschlecht drang nicht ein. Ich wartete abwesend und konzentriert. Ihre Lippen wandelten auf meinen umher. Mein Herz schlug zu laut, und ich wollte dieses Siegel der Sanftheit, dieses neue Streichelns behalten. Isabelle küßt mich, sagte ich mir. Sie beschrieb einen Kreis um meinen Mund, sie kreiste die Verwirrung ein, sie setzte einen frischen Kuß in jeden Winkel, sie deponierte zwei gezupfte Noten, sie kam wieder, sie hielt Winterschlaf... Wir umschlangen uns wieder, wir wünschten, einander zu verschlingen... Ich wollte, daß Isabelle, auf mein gähnendes Herz gepreßt, in es hineindringe... Auf diese Weise lehrte sie mich, mich zu entfalten... Ihre Zunge, ihre kleine Flamme, berauschte meine Muskeln, mein Fleisch... Eine Blume öffnete sich in jeder Pore meiner Haut.«

Wir müssen unsere Befangenheit abschütteln. Die Frauen müssen aufhören, Henry Miller nachzuahmen. Es mag ja schön und recht sein, Sinnlichkeit mit Humor, mit Karikatur, mit Obszönität zu behandeln, aber sie wird damit nur auf andere Art in den Bereich zufälliger, unwichtiger Erfahrungen verwiesen.

Die Frauen sind entmutigt worden, ihre sinnliche Natur zu enthüllen. Als ich *Ein Spion im Haus der Liebe* im Jahre 1954 schrieb, gab es ernstzunehmende Kritiker, die Sabina eine Nymphomanin nannten. Sabinas Geschichte handelt davon, daß sie in den zehn Jahren ihres Ehelebens zwei Liebhaber und eine platonische Freundschaft mit einem Homosexuellen erlebt hat. Es war die erste Studie einer Frau, die versucht, Liebe und Sinnlichkeit auseinanderzuhalten, wie es der Mann tut, und die die Freiheit der Sinne anstrebt. Das Buch wurde seinerzeit als pornographisch abgetan. Hier eine der »pornographischen« Stellen:

»Sie flohen vor den Augen der Welt, vor den prophetischen, schroffen Eierstockprologen des Sängers. Die verrosteten Sprossenleitern hinunter in den Untergrund der Nacht, die dem ersten Mann und der ersten Frau zu Beginn der Welt so wohlgesinnt war, wo es keine Worte gab, mit denen man einander besitzen konnte, keine Serenadenmusik, keine Geschenke, mit denen man buhlen, keine Turnierkämpfe, mit denen man beeindrucken und ein Nachgeben erzwingen konnte, keine nebensächlichen Mittel, keinen Schmuck, keine Halsketten, Kronen, mit denen man überwältigen konnte, sondern nur ein einziges Ritual, ein freudiges, freudiges, freudiges, freudiges Aufspießen der Frau am sinnlichen Mast des Mannes.«

Eine andere Stelle aus demselben Buch, die von den Kritikern als pornographisch abgestempelt wurde:

»Seine Liebkosungen waren so sanft, daß sie beinahe wie ein Necken, wie ein flüchtiges Reizen waren, auf das sie kaum zu reagieren wagte aus Angst, es könnte entschwinden. Seine Finger neckten sie und zogen sich zurück, sobald sie sie erregt hatten, sein Mund reizte sie, um ihrem später wieder auszuweichen; sein Gesicht und sein Körper kamen so nahe heran, umwarben jedes Glied, um dann in die Dunkelheit zurückzugleiten. Er suchte jede Wölbung und jeden Winkel,

gegen die er seinen warmen, schlanken Körper pressen konnte, um dann plötzlich still dazuliegen und sie angespannt warten zu lassen. Wenn er ihren Mund nahm, entging er ihren Händen; wenn sie dem Druck seiner Schenkel nachgab, hörte er auf, ihn auszuüben. Er erlaubte nirgends eine Vereinigung, die lange genug währte; er kostete jeden Kuß, jede Zone ihres Körpers, um ihn dann wieder zu verlassen, als wollte er nur anfachen und sich der schließlichen Verschmelzung entziehen. Ein neckischer, warmer, bebender, ausweichender Kurzschluß der Sinne – ebenso beweglich und ruhelos, wie er es selber den ganzen Tag hindurch gewesen war. Und hier nun in der Nacht, im Licht der Straßenlaterne, das ihre Nacktheit, nicht aber seine Augen preisgab, wurde sie zu einer nahezu unerträglichen Erwartung der Lust erregt. Er hatte ihren Körper in einen Hibiskusstrauch verwandelt, dessen Blüten ihre Pollen offenbarten – eine jede zur Wonne bereit.
Die Besitznahme wurde so lange aufgeschoben, so lange gereizt, daß sie, als sie endlich kam, das Warten mit einer langen, hinausgezögerten, tief eindringenden Ekstase vergalt.«

Frauen offenbaren in ihren Bekenntnissen Beweise anhaltender Repression. In George Sands Tagebuch stoßen wir auf folgenden Zwischenfall: Zola machte ihr den Hof, und sie gewährte ihm schließlich eine Liebesnacht. Weil sie dann eine völlig ungezügelte Sinnlichkeit bewies, legte er, als er ging, Geld auf den Nachttisch, womit er andeuten wollte, daß eine leidenschaftliche Frau eine Dirne sei.
Aber wenn man die Sinnlichkeit der Frauen eingehender studiert, so gelangt man auch hier zu der alten Einsicht, daß man nicht verallgemeinern kann, daß es ebenso viele Frauentypen gibt wie Frauen selbst. Eines steht jedenfalls fest: die erotischen Schriften der Männer befriedigen die Frauen nicht, und es ist an der Zeit, daß wir unsere eigenen schreiben, weil ein Unterschied in den erotischen Bedürfnissen, Phantasien und Einstellungen besteht. Kasernenhofdirektheit oder eine klinische Sprache üben keinen Reiz auf Frauen aus. Als Henry Millers erste Bücher erschienen, sagte ich voraus, daß sie den Frauen gefallen würden. Ich dachte, daß sie den ehrlichen Ausdruck der Begierde schätzen würden, die Gefahr lief, aus

unserer puritanischen Kultur zu verschwinden. Aber die Frauen waren unempfänglich für die aggressive und brutale Sprache.
Das *Kamasutra,* eine indische Sammlung erotischer Lehren, betont die Notwendigkeit, der Frau mit Einfühlungsvermögen und Romantik zu begegnen, nicht unumwunden auf physischen Besitz zu zielen, sondern sie mit romantischem Werben vorzubereiten. Diese Bräuche, Gewohnheiten und Sitten wechseln von Kultur zu Kultur und von Land zu Land. Im ersten Tagebuch einer Frau (geschrieben im Jahre 900), den *Geschichten vom Prinzen Genji* der japanischen Hofdame Shikibu Murasaki, ist die Erotik außerordentlich subtil, in Lyrik verpackt und auf Körperstellen gerichtet, die der westliche Mann selten beachtet: auf das Stückchen bloße Haut im Nacken, das zwischen den dunklen Haaren und dem Kimono zum Vorschein kommt.
Allgemeine Übereinstimmung herrscht nur in bezug auf eine Tatsache: daß die erogenen Zonen der Frau über den ganzen Körper verstreut sind, daß sie empfänglicher für Liebkosungen ist und daß ihre Sinnlichkeit in den seltensten Fällen so direkt und unmittelbar ist wie die des Mannes. Sie braucht eine Atmosphäre, in der Schwingungen geweckt werden, die erregend wirken und schließlich zum Höhepunkt führen.
Die Feministin Kate Millett tut Lawrence unrecht. Was auch immer er ideologisch behauptet haben mag: sie war nicht feinfühlig genug, um zu merken, daß ihm in seinem Werk – wo sich doch das wahre »Ich« zeigt – sehr an der Reaktion der Frau gelegen war.
Meine Lieblingsstelle ist aus *Lady Chatterley*:

»Dann, als er begann, sich zu bewegen, im jähen, hilflosen Orgasmus, wellten neue, seltsame Schauer in ihr auf. Wellten wellend, wellend, wie flatterndes Übereinanderzüngeln sanfter Flammen, sanft wie Federn, liefen aus in helleuchtende Spitzen, herrlich, süß, und alles in ihr schmolz, zerfloß. Wie Glocken war es, die schwangen, immer höher schwangen, empor zum Gipfel. Sie lag da, war sich der wilden kleinen Schreie nicht bewußt, die sie am Schluß ausstieß . . . sie fühlte, wie seine weiche Knospe sich in ihr regte und seltsame Rhythmen sie durchspülten, mit seltsamer, rhythmischer, wachsender Bewegung, schwollen, schwollen, bis sie ihr ganzes klaffendes Bewußtsein überfluteten, und dann begann wieder die unsagbare Bewegung, die keine wirkliche Bewegung war, sondern reiner, immer tiefer strudelnder Wirbel des Empfindens – tiefer und immer tiefer trichterten sie sich durch ihr ganzes Gewebe und ihr Bewußtsein, bis sie ein einziges, sattes, konzentrisches Fließen des Gefühls war und dalag und schrie, in unbewußten, unartikulierten Schreien. Die Stimme aus der tiefsten Nacht, das Leben!«

Es war desillusionierend, in unserer heutigen Zeit entdecken zu müssen, daß Frauen, die einander umwarben, sich nicht unbedingt sinnlicherer, feinerer Methoden bedienten, um das Verlangen zu schüren, sondern mit demselben aggressiven direkten Angriff vorgingen wie die Männer.
Was ich persönlich glaube, ist dies: daß die brutale Sprache eines Marlon Brando in *Der letzte Tango in Paris* die Frauen eher abstößt als erregt. Sie erniedrigt, vulgarisiert die Sinnlichkeit und drückt nur aus, wie der Puritaner sie sah: als niedrig, böse und schmutzig. Sie spiegelt den Puritanismus wider. Sie erweckt kein Verlangen. Sie macht die Sexualität zu etwas Tierischem. Ich beobachte, daß die meisten Frauen dies als eine Zerstörung der Erotik ablehnen. Wir machen für uns den Unterschied zwischen Pornographie und Erotik. Pornographie behandelt die Sexualität auf groteske Art, um sie auf die Ebene des Animalischen zurückzuführen. Die Erotik hingegen weckt die Sinnlichkeit, ohne sie notwendigerweise aufs Tierische herabzuwürdigen. Und die meisten Frauen, mit denen ich darüber sprach, sind sich einig, daß sie eine erotische Literatur entwickeln wollen, die sich eindeutig von der des Mannes unterscheidet. Die Haltung der männlichen Schriftsteller – die des Jägers, des Vergewaltigers, desjenigen, für den Sexualität nur ein Trieb ist – spricht die Frauen nicht an.
Die Verbindung von Erotik mit Gefühl, mit Liebe, mit der Wahl eines bestimmten Menschen, die Personifikation und Individualisierung – das wird das Werk der Frauen sein. Es wird mehr und mehr weibliche Autoren geben, die ihre eigenen Gefühle und Erfahrungen niederschreiben werden.
Die Entdeckung der weiblichen erotischen Eigenschaften und deren Ausdruck werden sich einstellen, sobald die Frauen

aufhören, ihre Klagen gegen die Männer aufzuzählen. Wenn ihnen die Jagd, die Verfolgung nicht gefällt, so liegt es an ihnen, auszusprechen, was ihnen gefällt, und den Männern – wie in den orientalischen Märchen – die Wonnen anderer Formen von Liebesspielen aufzuzeigen. Im Augenblick sind ihre Schriften negativ. Wir hören nur, was ihnen mißfällt. Sie lehnen die Rolle ab, die Verführung, Charme, all jene Mittel spielen, mit denen die erotische Atmosphäre geschaffen wird, von der sie träumen. Wie soll der Mann die über den ganzen Körper verteilte Sinnlichkeit einer Frau überhaupt bemerken, wenn sie von Jeans bedeckt ist, die ihren Körper demjenigen seiner Kumpanen ähnlich machen – mit, wie es scheinen muß, einer einzigen Öffnung zum Eindringen? Wenn es stimmt, daß sich die Erotik der Frau über ihren ganzen Körper erstreckt, dann kommt die Art, wie sie sich heute anzieht, einer völligen Leugnung dieses Umstandes gleich.

Freilich gibt es auch Frauen, die mit der passiven Rolle, die ihnen zugedacht wird, unzufrieden sind. Es gibt Frauen, die davon träumen zu nehmen, zu überfallen, zu besitzen, wie es der Mann tut. Die befreiende Kraft unseres heutigen Bewußtseins liegt darin, daß wir von neuem beginnen und jeder Frau ihr eigenes, individuelles – kein verallgemeinertes – Verhaltensmuster geben möchten. Ich wünsche mir einen feinfühligen Computer, der für jede Frau ein Muster entwerfen würde, das sich aus ihren unbewußten Wünschen zusammensetzt. Dies ist das aufregende Abenteuer, dem wir uns verschrieben haben: alle Geschichtsbilder, Statistiken, Bekenntnisse, Autobiographien und Biographien in Frage zu stellen und unser eigenes, individuelles Muster zu schaffen. Darum sind wir gezwungen, das anzuerkennen, was uns unsere Kultur so lange vorenthalten hat: die Notwendigkeit einer individuellen Selbstbefragung. Nur diese wird die Frauen, die wir wirklich sind, ans Licht bringen, unsere Reflexe, Vorlieben, Abneigungen; und wir werden ohne Schuldgefühle oder Bedenken dann auf ihre Verwirklichung zuschreiten. Es gibt auch Männer, die den Liebesakt so sehen wie wir – es gibt mindestens einen für jede Frau. Doch zuerst müssen wir wissen, wer wir selber sind, welcher Art die Gewohnheiten und Wunschträume unseres Körpers, die Gebote unserer Phantasie sind. Wir müssen nicht nur erkennen, was uns bewegt, rührt und erregt, sondern auch, wie wir es erreichen, erlangen können. Bis dahin, so würde ich meinen, weiß die Frau nur sehr wenig über sich selbst. Letzten Endes muß sie ihr eigenes erotisches Verhaltensmuster und ihre Erfüllung aus einer Unmenge halber Informationen und halber Enthüllungen herstellen.

Der Puritanismus hat die amerikanische Literatur stark geprägt. Er ist es, der die männlichen Schriftsteller dazu treibt, die Sexualität als ein niedriges, vulgäres, animalisches Laster zu beschreiben. Einige weibliche Autoren haben die Männer nachgeahmt, weil sie kein anderes Vorbild kannten, dem sie nacheifern könnten. Das einzige, was sie damit erreicht haben, ist eine Umkehrung der Rollen: Frauen, die sich wie Männer benehmen, die den Akt vollziehen und sich am Morgen ohne ein zärtliches Wort oder ein Versprechen auf Fortsetzung entfernen. Die Frau wurde so zum Aggressor. Aber dadurch wurde letztlich nichts geändert. Wir brauchen noch immer das Wissen, was Frauen empfinden, und sie müssen dies in ihren Werken zum Ausdruck bringen.

Junge Frauen kommen heute zusammen, um ihre Sinnlichkeit zu erforschen, um Hemmungen abzulegen. So lud eine junge Dozentin der Literatur, Tristine Rainer, mehrere Studentinnen an der U. C. L. A. ein, um mit ihnen über erotische Literatur zu diskutieren und herauszufinden, warum sie solche Hemmungen hatten, ihre Empfindungen zu schildern. Das Tabugefühl war stark. Sobald sie aber in der Lage waren, einander ihre Phantasien, ihre Wünsche, ihre tatsächlichen Erfahrungen mitzuteilen, da drückten sie sich auch schriftlich viel freier aus. Diese jungen Frauen suchen nach neuen Verhaltensmustern, weil sie merken, daß das Nachahmen der Männer zu keiner wirklichen Freiheit führt. Die Franzosen haben eine sehr schöne erotische Literatur hervorgebracht, weil es bei ihnen kein puritanisches Tabu gab; die besten Schriftsteller konnten sich daher erotischen Werken zuwenden, ohne das Gefühl zu haben, daß Sinnlichkeit etwas ist, dessen man sich schämen und das man verächtlich behandeln muß.

Was war als Ideal erreichen müssen, ist die Anerkennung der sinnlichen Natur der Frau, die Bejahung ihrer Bedürfnisse, das Wissen um die Verschiedenheit der Temperamente und die freudige Einstellung zur Sinnlichkeit als einem Teil der Natur: sie ist ebenso natürlich wie das Wachstum einer Pflanze, wie die Gezeiten, wie der Lauf der Planeten. Oder in der Terminologie des Zen ausgedrückt: ihr wohnt die Möglichkeit des *satori*

inne. Wir leben immer noch unter der unterdrückenden Herrschaft des Puritanismus. Der Umstand, daß Frauen über Sexualität schreiben, bedeutet an sich noch keine Befreiung. Sie nehmen dabei dieselbe vulgäre und niedrige Haltung ein wie die Männer. Sie schreiben nicht mit Stolz und Freude.
Die wahre Befreiung der Erotik liegt in der Anerkennung der Tatsache, daß sie Millionen von Facetten, Millionen von Ausprägungen, Millionen von Objekten, Situationen, Atmosphären und Varianten besitzt. Vor allem aber müssen wir unser Schuldgefühl über ihre Verbreitung ablegen und dann offen bleiben für ihre Überraschungen, für ihre mannigfaltigen Ausdrucksmöglichkeiten und – um meine persönliche Wendung für deren vollkommenen Genuß zu gebrauchen – sie mit der individuellen Liebe und Leidenschaft für einen besonderen Menschen verschmelzen, sie mit unseren Träumen vermischen, mit unseren Wunschvorstellungen und mit unserem Gefühl, damit sie ihre höchste Macht erreichen kann. Es mag eine Zeit gemeinsamer Rituale gegeben haben, in denen die Entladung der Sinne ihren Höhepunkt erreicht hat, aber wir vollziehen keine gemeinsamen Riten mehr, und je heftiger die Leidenschaft für einen bestimmten Menschen ist, desto konzentrierter, intensiver und ekstatischer kann das Ritual zu zweit sein.

Die neue Frau

Warum man schreibt, ist eine Frage, die ich leicht beantworten kann, da ich sie mir selbst so oft gestellt habe. Ich glaube, man schreibt, weil man eine Welt schaffen muß, in der man leben kann. Ich konnte in keiner der Welten leben, die man mir anbot – die Welt meiner Eltern, die Welt des Krieges, die Welt der Politik. Ich mußte mir eine eigene Welt schaffen – gleichsam ein Klima, ein Land, eine Atmosphäre, in der ich atmen, herrschen und mich regenerieren könnte, wenn mich das Leben vernichtete. Dies ist, glaube ich, der Grund für die Entstehung jedes Kunstwerks.
Der Künstler allein weiß, daß die Welt eine subjektive Schöpfung ist, daß da eine Wahl, eine Selektion von Elementen getroffen werden muß. Sein Werk ist eine Vergegenständ-

lichung, eine Inkarnation seiner inneren Welt. Und er hofft, andere in sie hineinzuziehen. Er hofft, seine besondere Sicht anderen aufzudrängen und sie mit ihnen zu teilen. Und sollte die zweite Stufe nicht erreicht werden, so macht der tapfere Künstler trotzdem weiter. Die wenigen Augenblicke der Gemeinschaft mit der Welt sind die Mühe wert, denn es ist letztlich eine Welt für die anderen, ein Erbe für die anderen, ein Geschenk für die anderen.

Wir schreiben auch, um unsere eigene Kenntnis des Lebens zu erweitern. Wir schreiben, um andere zu locken, zu bezaubern und zu trösten. Wir schreiben, um unseren Liebsten eine Serenade darzubringen. Wir schreiben, um das Leben doppelt zu kosten: einmal im Augenblick selber und dann im Rückblick. Wir schreiben, um – wie Proust – die Dinge ewig zu machen und um uns davon zu überzeugen, daß sie ewig sind. Wir schreiben, um die Grenzen unseres Lebens zu überschreiten, um darüber hinaus reichen zu können. Wir schreiben, um uns selbst beizubringen, mit anderen zu reden, über unsere Reise ins Labyrinth zu berichten. Wir schreiben, um unsere Welt zu erweitern, wenn wir uns erwürgt, eingeengt oder einsam fühlen. Wir schreiben, so wie die Vögel singen, wie die Primitiven ihre Riten tanzen. Wenn Schreiben für Sie nicht Atmen ist, nicht Aufschrei oder Gesang – dann schreiben Sie nicht, denn unsere Kultur hat keine Verwendung dafür! Wenn ich nicht schreibe, dann fühle ich, wie meine Welt zusammenschrumpft. Ich fühle mich wie in einem Gefängnis. Ich fühle, daß ich mein Feuer und meine Farbe verliere. Dichten sollte eine Notwendigkeit sein, so wie das Meer es nötig hat, sich zu heben und zu senken. Ich nenne das: Atmen.

Während allzu vieler Jahrhunderte war es das Bestreben der Frauen, Musen zu sein. Und ich weiß, daß Sie mir in den *Tagebüchern* gefolgt sind, als auch ich eine Muse, die Frau eines Künstlers sein wollte. Aber in Wirklichkeit versuchte ich nur, meiner eigentlichen Aufgabe auszuweichen: die Arbeit selber tun zu müssen. In Briefen, die ich von Frauen erhielt, habe ich das ausgedrückt gefunden, was Rank das Schuldgefühl des Schöpfers nennt. Es ist dies eine sehr seltsame Krankheit: Männer befällt sie nicht – denn unsere Kultur hat vom Mann stets verlangt, daß er seine Talente maximal entwickelt. Er wird von der Kultur dazu ermutigt, *der* große Arzt, der große Philosoph, der große Professor, der große Schriftsteller zu werden. Alles ist darauf angelegt, ihn in diese Richtung zu stoßen. Doch von den Frauen hat man dies keineswegs verlangt. Und in meiner Familie – genauso wie vermutlich in Ihrer Familie – erwartete man von mir einfach, daß ich heirate, Ehefrau sei und Kinder aufziehe. Aber nicht alle Frauen sind dazu begabt, und manchmal – wie D. H. Lawrence treffend sagte – »brauchen wir nicht mehr Kinder auf dieser Welt, wir brauchen Hoffnung«.

Dies ist es also, was zu tun ich mir vorgenommen habe: Sie alle zu adoptieren! Weil mir Baudelaire vor langer Zeit einmal sagte, daß in jedem von uns ein Mann, eine Frau und ein Kind steckt – und das Kind hat immer Schwierigkeiten. Die Psychologen bestätigen stets, was die Dichter vor so langer Zeit schon gesagt haben. Wissen Sie, selbst der arme, vielgeschmähte Freud hat einmal gesagt: »Wohin ich auch immer gehe, sehe ich, daß ein Dichter vor mir dagewesen ist.« Der Dichter meinte also, daß wir drei Persönlichkeiten haben, und eine davon ist die kindliche Phantasie, die im Erwachsenen geblieben ist und die den Künstler gewissermaßen ausmacht.

Wenn ich so viel vom Künstler spreche, so meine ich nicht nur denjenigen, der uns die Musik schenkt, die Farbe, die Architektur, die Philosophie, der uns so vieles schenkt und unser Leben bereichert. Ich meine den schöpferischen Geist in all seinen Erscheinungsformen. Wenn sich mein Vater und meine Mutter stritten – mein Vater war Pianist, meine Mutter Sängerin –, merkte ich selbst als Kind, wie alles friedlich und schön wurde, sobald die Zeit fürs Musizieren kam. Und wir Kinder hatten das Gefühl, daß Musik eine magische Sache wäre, die die Harmonie in der Familie wiederherstellte und das Leben erträglich für uns machte.

Es gab eine Frau in Frankreich, deren Geschichte ich erzählen möchte, weil sie zeigt, wie wir uns ändern, verwandeln und wie wir alles gebrauchen können, um schöpferisch tätig zu werden. Diese Frau war Utrillos Mutter. Weil sie sehr arm war, war sie dazu verdammt, Wäscherin und Reinemachefrau zu sein. Aber sie wohnte am Montmartre zur Zeit, als die vielleicht größte Gruppe von Malern, die je zusammengekommen ist, dort lebte, und sie stand ihnen Modell. Indem sie ihnen beim Malen zusah, lernte sie malen. Und sie wurde selber eine namhafte Malerin: Suzanne Valadon. Dasselbe geschah mit mir, als ich im Alter von sechzehn Jahren Modell stand, weil ich keinen

Beruf hatte und nicht wußte, wie ich mir sonst den Lebensunterhalt verdienen könnte. Ich lernte von den Malern das Gespür für Farben, was mich ein Leben lang zum genauen Beobachten erzog.
Ich lernte eine Menge vom Künstler, der – wie ich es ausdrükken würde – etwas aus dem Nichts schafft. Varda zum Beispiel lehrte mich, daß man Collagen aus kleinen Stoffetzen macht. Er brachte mich sogar dazu, ein Stück aus dem Futter meines Mantels herauszuschneiden, weil ihm die Farbe gefiel und er sie in eine Collage einbauen wollte. Er schuf sehr schöne Himmelsgärten und Phantasiemotive nur aus kleinen Stofffetzen und Leim. Varda war es auch, der mich lehrte, daß ein Stuhl, den man lange genug am Strand hat liegen lassen, in die denkbar schönste Farbe gebleicht wird, die man in der Malerei niemals finden könnte.
Von Tinguely lernte ich, daß er auf Schrottplätze ging und dort allerhand Maschinenteile und -stücke auflas, aus denen er Maschinen zusammenbaute, die zu Karikaturen der Technologie gerieten. Er bastelte sogar eine Maschine, die Selbstmord beging; ich habe sie in einem Buch mit dem Titel *Collagen* beschrieben. Ich versuche damit nur zu sagen, daß der Künstler ein Magier ist: er lehrte mich, daß – gleichgültig, wohin man versetzt wird – man immer irgendwie von dort herauskommen kann.
Ich befand mich einmal an einem Ort, den Sie sich möglicherweise als überaus interessant vorstellen: in einem Vorort von Paris. Aber ein Vorort von Paris kann genauso trostlos sein wie ein Vorort von New York oder von Los Angeles oder von San Francisco. Ich war gerade etwas über zwanzig und kannte damals niemand; also nahm ich Zuflucht zu meiner Liebe für die Schriftsteller. Ich schrieb ein Buch, und plötzlich sah ich mich in eine Welt von Bohemiens, Künstlern und Dichtern versetzt. Und das war mir eine Brücke. Doch manchmal, wenn Leute zu mir sagen: das ist schön und recht, aber du warst schließlich begabt fürs Schreiben, so antworte ich, daß es nicht immer ein so klar erkennbares Talent braucht.
Ich kenne eine Frau, die aus dem Nichts begann und die ich für eine große Heldin halte. Sie konnte nicht auf eine höhere Schule gehen, weil ihre Familie sehr arm und kinderreich war. Die Familie lebte auf einer Farm in Saratoga, aber die Tochter beschloß, nach New York zu gehen. Sie begann bei Brentano zu

arbeiten und erklärte nach einer Weile, daß sie einen eigenen Buchladen eröffnen wollte. Man lachte sie aus und sagte, sie sei völlig verrückt, sie würde den Sommer niemals überleben. Sie hatte 150 Dollar gespart und mietete einen kleinen Raum in der Theatergegend von New York – und alle kamen abends nach der Vorstellung zu ihr. Heute ist ihr Buchladen nicht nur die bekannteste Buchhandlung in New York, der Gotham Book Mart, sondern auch der Ort, wo jeder seine Buchhändlerparties veranstalten möchte. Sie bekam Besuch aus aller Welt: Edith Sitwell besuchte sie, als sie nach New York kam, Jean Cocteau und viele andere. Keine andere Buchhandlung in New York strahlt dieselbe Faszination aus, die von dieser Besitzerin ausgeht, von ihrer Menschlichkeit und Freundlichkeit und von der Tatsache, daß man dort stehen und ein Buch lesen kann, ohne daß sie einen überhaupt bemerkt. Sie heißt Frances Steloff, und ich erwähne sie immer, wenn behauptet wird, daß es eine besondere Begabung braucht, um aus einem engen, begrenzten oder armen Leben auszubrechen. Frances ist jetzt sechsundachtzig – eine schöne alte Frau mit weißem Haar und einer makellosen Haut, die dem Alter getrotzt hat.

Das Prinzip des schöpferischen Willens habe ich bei Musikern wie Eric Satie gelernt und bewundert, der dem Hunger die Stirn bot und seine Kompositionen dazu benutzte, sein Klavier vor der Feuchtigkeit seines kleinen Zimmers in einem Pariser Vorort zu schützen. Sogar Einstein, der Newtons einheitliche Feldtheorie in Zweifel zog, starb im festen Glauben an das, was heute bewiesen ist. Ich führe das als ein Beispiel des Glaubens an, und über ihn will ich jetzt sprechen. Was mich am Schreiben hielt – als ich während zwanzig Jahren von völligem Stillschweigen empfangen wurde –, ist dieser Glaube an die Notwendigkeit, ein Künstler zu sein, gleichgültig was geschieht, auch dann, wenn niemand zuhört.

Ich brauche nicht von Zelda Fitzgerald zu sprechen. Ich glaube, daß Sie alle über Zelda nachgedacht haben, die den Verstand möglicherweise nie verloren hätte, wenn ihr Fitzgerald nicht verboten hätte, ihr Tagebuch zu veröffentlichen. Es ist wohlbekannt, daß Fitzgerald nein zu einer Veröffentlichung sagte, weil er es für sein eigenes Werk brauchte. Meiner Meinung nach geht Zeldas Bewußtseinsstörung darauf zurück. Sie konnte sich als Schriftstellerin nicht verwirklichen und wurde daher von Fitzgeralds Ruhm erdrückt. Doch wenn Sie ihr eigenes

Buch lesen, dann werden Sie sehen, daß sie gewissermaßen einen viel originelleren Roman geschaffen hat, als er ihn je zustande brachte, einen viel moderneren im Versuch, Sprache auf originelle Weise zu gebrauchen.
Die Geschichte hat – wie ein Scheinwerfer – das erfaßt, was sie erfassen wollte, und sie verpaßte sehr oft die Frau. Wir alle kennen Dylan Thomas. Nur wenige von uns kennen Caitlin Thomas, die nach dem Tode ihres Mannes ein Buch schrieb, das an sich ein Gedicht ist und das stellenweise Dylans Lyrik an Kraft, ursprünglicher Schönheit und wirklicher Gefühlserregung übertrifft. Aber sie war dermaßen von Dylan Thomas' Talent überwältigt, daß sie überhaupt nicht daran dachte, selber zu schreiben, bis er starb.
Wir sind also hier versammelt, um die Quellen des Glaubens und des Selbstvertrauens zu feiern. Ich möchte Ihnen die Geheimnisse der ständigen Alchemie preisgeben, die wir treiben müssen, um Messing in Gold, Haß in Liebe, Zerstörung in Schöpfung zu verwandeln – um die krassen Tagesnachrichten in Eingebung, die Verzweiflung in Freude umzuwandeln. Niemand soll das als Gleichgültigkeit gegenüber dem Zustand der Welt oder gegenüber den Taten mißverstehen, mit denen wir der Zerstörungswut des korrupten Systems Einhalt gebieten können. Man ist sich einig, daß wir Menschen Nahrung brauchen, um unseren Geist am Leben zu erhalten, damit wir in dieser Welt handeln können; aber ich will damit nicht sagen, daß wir uns von ihr abwenden müssen. Ich will vielmehr sagen, daß wir unsere Kraft und unsere Werte aus dem eigenen Wachstum und unserer Selbstentfaltung schöpfen müssen. Allen Widerständen, allen Hindernissen, der ganzen Schrekkenskammer, die wir Geschichte nennen, zum Trotz hat der Mensch nie aufgehört, zu träumen und die Kehrseite der Realität zu beschreiben. Das ist es, was wir tun müssen. Wir flüchten uns nicht in die Philosophie, in die Psychologie und in die Kunst – wir gehen dorthin, um unser zerschlagenes »Ich« wiederherzustellen, zusammenzufügen.
Die Frau der Zukunft, die heute geboren wird, wird frei sein von Schuldgefühlen gegenüber dem schöpferischen Prozeß und ihrer persönlichen Entwicklung. Sie wird im Einklang mit ihrer Kraft leben; sie muß deswegen nicht unbedingt männlich oder exzentrisch oder irgendwie unnatürlich sein. Ich stelle mir vor, daß sie sehr ruhig über ihre Kraft und ihre Gelassenheit

sein wird: eine Frau, die weiß, wie sie mit Kindern und mit den Männern, die sich manchmal vor ihr fürchten werden, reden muß. Der Mann ist über diese Selbstentfaltung der Frau beunruhigt, aber er brauchte es nicht zu sein, denn er wird anstatt einer Abhängigen eine Partnerin haben. Er wird in ihr jemanden haben, der ihm nicht das Gefühl gibt, daß er jeden Tag in den Kampf gegen die ganze Welt ziehen muß, um Frau und Kind zu ernähren – oder aber eine kindliche Frau. Die Frau der Zukunft wird niemals versuchen, durch den Mann als ihren Stellvertreter zu leben und ihn zu drängen und zur Verzweiflung zu treiben, damit er etwas verwirkliche, was sie eigentlich selbst tun sollte. Das ist also mein erstes Bild von ihr: sie ist nicht aggressiv, sondern gelassen; sie ist sicher, zuversichtlich, sie ist fähig, ihre Talente zu entwickeln, Raum für sich selbst zu beanspruchen.

Ich möchte, daß die Frau diese Eigenschaft, für einen Menschen Gefühle zu empfinden, in direkten Kontakt mit ihm zu treten, erhalten möge, und zwar nicht als etwas Schlechtes, sondern als etwas, das eine völlig andere Welt erschaffen könnte, in der sich die intellektuelle Fähigkeit mit der Intuition und mit dem Sinn für das Persönliche vereinigen würde. Als ich die *Tagebücher* und die Romane schrieb, versuchte ich zu sagen, daß wir sowohl die Intimität als auch die gründliche Kenntnis einiger Menschen brauchen. Wir brauchen auch die Mythologie und die Dichtung, die etwas weiter entfernt sind, und die Kunst ist immer etwas weiter entfernt von der gänzlich persönlichen Welt der Frau. Aber ich will Ihnen die Geschichte von Colette erzählen. Als ihr Name für die Académie Française vorgeschlagen wurde – was als die höchste Ehrung gilt, die Schriftstellern zuteil wird –, erhob sich eine lange Debatte, weil Colette nicht über den Krieg oder über irgendein wichtiges Ereignis geschrieben hatte: sie hatte nur über die Liebe geschrieben. Man bewunderte sie als Schriftstellerin, als Meisterin des Stils – sie war darin eine der besten von uns –, aber man nahm irgendwie an, daß die persönliche Welt der Colette nicht sehr bedeutend sei. Ich aber glaube, daß sie sehr bedeutend ist, weil wir diese Intimität und diesen Sinn für zwischenmenschliche Beziehungen verloren haben, den sie entwickelt hatte, weil sie sich stärker beschränkt hatte und weniger aktiv in der Welt gewesen ist. Für sie war die Familie sehr wichtig, der Nachbar, der Freund.

Es wäre natürlich schön, wenn die Männer diese Entwicklung mitmachen würden. Und das werden sie tun, sobald sie die feminine Seite in sich entdeckt haben, was uns Jung zu erklären versucht hat. Man fragte mich einmal, was ich von Männern halte, die weinen, und ich sagte, daß ich Männer, die weinen, liebe, weil dies beweist, daß sie Gefühle haben. Der Tag, an dem die Frau ihre sogenannt männlichen und der Mann seine sogenannt weiblichen Eigenschaften bejaht, wird die Anerkennung unserer Zweigeschlechtlichkeit, unserer vielen Persönlichkeiten, der vielen Seiten, die wir zu verwirklichen haben, bedeuten. Eine Frau kann mutig, abenteuerlich sein – sie kann all das sein. Und die neue Frau, die jetzt aufkommt, ist ganz begeisternd, ganz wunderbar. Und ich liebe sie.

Frau sein

Ein Interview

FRAGESTELLER Sind Sie über Ihre Wiederentdeckung durch die Jugend und über die Macht, die ihre Unterstützung Ihnen gibt, überrascht?

ANAÏS NIN Die Jungen waren schließlich die ersten, die zu mir kamen nach meiner Rückkehr aus Europa beim Ausbruch des Zweiten Weltkrieges. Die Jungen entdecken in mir eine Haltung, die ihrer eigenen ähnlich ist: das Leben mit den Sinnen, der Intuition, der Magie, der Verwertung des Psychischen, das Bewußtsein für eine andere Wertskala. Sie entdekken in mir ein ursprüngliches Interesse am Leben und an der Intimität, am Einanderkennenlernen. In meinen Vorlesungen an den Universitäten spreche ich über *furrawn*, ein walisisches Wort zur Bezeichnung des Gesprächs, das Vertrautheit erzeugt. Wir reden über ihr Leben und über persönliche Dinge, und dann öffnen sie sich mir. Anfangs fragte ich mich, warum sie mich zu Vorträgen einluden, bis ich merkte, daß sie einfach sehen wollten, ob es mich wirklich gab.

F. In ihrem umstrittenen Buch *Sexus und Herrschaft* greift Kate Millet Ihren Freund Henry Miller wegen der Art an, wie er – ein männlicher Schriftsteller – unsere Einstellung zum Sex beeinflußt hat. Haben Sie das Gefühl, daß Sie sich, weil Sie mit

Miller intim gewesen sind und ihn unterstützt haben, als Frau kompromittiert haben?

A. N. Überhaupt nicht. Er war das Gegenteil von mir. Wie ich in meinen *Tagebüchern* schrieb, mochte ich seine Einstellung zum Sex nicht. Aber sogar Freud hat sich ganz anders zu Lou Andreas-Salomé verhalten! Sehen Sie – es kommt auf die Frau an. Miller behandelte mich anders. Ich hielt seinen Antipuritanismus für komisch. Indem er seine Begierde zum Ausdruck brachte, veränderte er sowohl die Männer wie die Frauen. Ich denke, ich habe Miller ganz genau begriffen, aber ich glaube jetzt nicht, daß ich ihn angreifen oder verteidigen muß. Miller hat viel getan, um die puritanischen Vorurteile anderer Männer zu beseitigen. Zu jener Zeit waren die Frauen noch unerreichbar. Er holte sie näher heran. Er machte sie wirklich.

F. Sie haben einmal bemerkt, daß Sie »den Mann nicht nachgeahmt« haben. Welche Rolle spielen die Männer in Ihrem Werk?

A. N. Nein, ich habe die Männer nicht nachgeahmt. Die Männer – das waren für mich Ärzte, Psychiater, Astronomen, Astrologen. Ich brauchte ihr Wissen. Ich bin den Männern in allem Schöpferischen gefolgt, aber ich habe stets versucht das Seinsmuster der Frau zu stärken und es zu offenbaren. Die Frauen gaben mir das Vorbild zum Leben, die Männer das zum Denken. Als ich vierzehn oder fünfzehn war, war Jeanne d'Arc meine Heldin. Schließlich zog sie ja wegen eines Mannes in den Krieg, nicht wegen sich selbst. Es gibt so wenig Frauen, die wirkliche Freiheit für sich errungen haben. Ich denke da an Ninon de Lenclos im siebzehnten und an Lou Andreas-Salomé im neunzehnten Jahrhundert. Die symbolischen Figuren und ihre Freiheit sind sehr wichtig für das neue Bewußtsein. Die Frauen müssen aufhören, dem, was *ist*, entgegenzuwirken. Sie sollten uns die neue Frau sehr deutlich vor Augen führen.

F. Was ist für Sie die »neue Frau«?

A. N. Ich habe in meinen Werken freie Frauen, freie Liebe beschrieben; aber ich habe es auf stille Weise getan, so daß man diese »neuen Frauen« gar nicht erkannt hat. *Das* Muster einer neuen Frau gibt es nicht. Sie wird ihren eigenen Weg finden müssen. Das ist die Aufgabe, aber sie muß individuell gelöst werden. Die Frauen wollen ein Muster, aber es gibt kein für alle Frauen gültiges Muster.

F. Die Frauenbewegung hat viel gegen Freuds Vorurteile über die Frauen getan. Haben diese Vorurteile Sie an Ihrer eigenen Analyse beeinflußt?
A. N. Ich kann diese Frage wirklich nicht beantworten. Ich habe Freud seit langem nicht mehr gelesen, aber ich erinnere mich gut an Dr. Otto Rank, der mich in Paris analysierte; er meinte, daß wir die Psychologie der Frau eigentlich nicht verstehen, daß die Frauen ihre Erfahrungen noch nicht geäußert haben. Die Männer haben die Seele, die Philosophie, die Religion erfunden. Die Frauen besitzen Einsichten, die man – zumindest in intellektuellen Begriffen – nur schwer beschreiben kann. Diese Einsichten werden sofort und unmittelbar von der Intuition diktiert, und die Frau vertraut ihnen. Was die Frauenbewegung an Freud aufregt, regt *mich* nicht auf. Die Psychologie hat mir geholfen. Ich habe das innere Bedürfnis, zu wachsen, sehr stark verspürt. Die Ideologien mögen – wie Rank sagte – von den Männern geschaffen worden sein; aber ich entnahm ihnen nur das, was für mich nützlich war.
F. Warum ist das aktive Interesse an der Erotik so lange ein Tabu für die Frauen gewesen?
A. N. Die Männer müssen das Tabu erfunden haben. Ich denke da an Fellini. Er gestaltete sein unbewußtes Leben dramatisch im Film *8½*; aber als er das unbewußte Leben seiner Frau in *Julia und die Geister* verfilmte, gestand er ihr keine Abenteuer zu. Sie war passive Zuschauerin. Für ihn ist die Frau nur dann rein, wenn sie treu und enthaltsam ist. D. H. Lawrence war der erste, der einsah, daß die Frau eine eigene Sexualität, ein eigenes Leben besitzt und daß der Liebesakt von ihr ausgehen kann. Erotik ist eines der grundlegenden Mittel der Selbsterkenntnis, sie ist ebenso unentbehrlich wie die Poesie. Aber sobald eine Frau offen über ihre Bedürfnisse schreibt – wie zum Beispiel Violette Leduc oder Caitlin Thomas, die Witwe von Dylan Thomas –, verurteilt man sie.
Ich habe die sexuelle Lust immer zugegeben und ihr einen wichtigen Platz in meinen Werken eingeräumt. Eines meiner Bücher hieß *Dieser Hunger*. Henry Miller hat viel getan, um die Heiligsprechung der Frau zu brechen. Einige Frauen – wie übrigens auch einige Männer – würden viel lieber als sexuelle Objekte behandelt, anstatt heiliggesprochen zu werden. Die Frauen mögen ebensowenig romantisiert oder idealisiert wie beschimpft oder gedemütigt werden.

F. Wo liegt die Trennungslinie zwischen Männ[...]
Weiblichkeit?

A. N. Ich habe versucht, die Unterschiede zu verkl[...] wollte alle Beziehungen aufzeigen und die fließend[...] dungen über den Sex hinaus nachweisen. Ich fa[...] Literatur mehr Beschreibungen von Hindernissen [...] Beziehungen. Ich war bestrebt, die allgemeine Strömung festzustellen; alles übrige ließ ich seinen Platz von selbst finden. Ich wollte die Grenzen, Tabus, Beschränkungen beseitigen. In den alten Romanen gab es Klassen-, Rassen- und Religionsunterschiede. Ich wollte über all das hinwegspringen und zu den instinktiven und intuitiven Bindungen gelangen.

F. Was ist Ihrer Meinung nach der Unterschied zwischen dem Gefühlsleben des Mannes und dem der Frau?

A. N. Sie berühren sich. Es besteht eine Ähnlichkeit zwischen Mann und Frau, kein Gegensatz. Wenn ein Mann seine Gefühle zu erkennen beginnt, dann gehen beide ineinander über. Wenn die Männer ihre sensible Seite *bejahen*, dann erwachen sie zum Leben. Wir haben die Analyse immer als eine männliche Sache betrachtet: das war der Bereich, in dem ich mich mit den Männern unterhalten konnte. Aber all diese Unterschiede sind im Verschwinden begriffen. Wir sprechen vom Männlichen und Weiblichen, aber dies sind die falschen Etiketten. Es handelt sich eher um einen Gegensatz zwischen Poesie und Intellektualismus.

F. Als Sie neunundzwanzig waren, schrieben Sie einmal, daß es zwei Frauen in Ihnen gäbe: »eine verzweifelte und verwirrte Frau, die spürte, daß sie ertrank, und eine andere, die bereit war zu einem Auftritt – wie auf einer Bühne –, wobei sie ihre wahren Gefühle verbergen wollte, weil diese Schwäche, Hilflosigkeit und Verzweiflung waren, um statt dessen der Welt nur ein Lächeln, Eifer, Neugierde, Begeisterung, Interesse vorzuspielen«. Wie ist es Ihnen gelungen, sich zu überwinden?

A. N. Man überspringt dauernd das Negative. Ich habe das Stadium noch nicht erreicht, da ich jeden Tag mutig sein kann. Und der Zweikampf hält mein Tagebuch am Leben. Andererseits habe ich einen ausgeprägten Sinn für Harmonie und Integration. Die zwei Frauen sind nach wie vor in mir, aber sie zerfleischen sich nicht gegenseitig. Sie leben in Frieden miteinander.

F. Wie haben Sie diese Integration zustande gebracht?

A.N. Zu Beginn war ich fürchterlich in Träumen, im Geistigen, in Phantasievorstellungen versunken. Daß uns mein Vater verließ, als ich neun war, war ein großer Schock für mich. Ich hatte stets in Büchern und in der Welt der Phantasie gelebt; meine Reise zum Ich war daher eine andere. Ich mußte die Erde finden. Der Weggang meines Vaters hinterließ in mir das Gefühl, daß meine Brücke zur übrigen Welt abgebrochen sei und daß ich sie wiederaufbauen wollte. Bei mir kam alles aus der Literatur: dic Lügen, die Geschichten, die Träume. Aber dann traten Henry Miller und seine Frau in mein Leben. Als ich dreißig war, beschäftigte ich mich mit der Erfahrung und schrieb mein erstes Buch über D. H. Lawrence. Sobald ich die beiden Welten – die Erde und die Phantasie – ins Gleichgewicht gebracht hatte, brach die Zeit meiner größten Schaffenskraft an. Ich begann, fast jedes Jahr ein Buch zu schreiben. Im jetzigen Stadium meines Lebens befinden sich die *Tagebücher* und die Romane, die Poesie und die Erde, in harmonischer Eintracht. Ich kann arbeiten und reisen und Beziehungen haben, ohne daß Konflikte entstehen.

F. Können Sie uns kurz die Geschichte Ihrer berühmten *Tagebücher* erzählen?

A. N. Ich begann das Tagebuch im Alter von elf Jahren auf dem Schiff nach Amerika, von meinem Vater getrennt, um ihm dieses fremde Land zu schildern und ihn hinüberzulocken. Es sollte ihm ermöglichen, unser Leben mitzuverfolgen. Am Anfang der *Tagebücher* stand also der Wunsch, jemanden zurückzuholen. Meine Mutter erlaubte mir nicht, sie abzuschicken; so wurden sie etwas Privates, ein Heim des Geistes, ein Laboratorium. Sie wurden eine Zufluchtsstätte, ein Heiligtum. Es gibt vielleicht zweihundert davon. Ich schreibe etwa zwölf im Jahr. Ich bewahre sie in Aktenschränken im Tresorraum einer Bank in Brooklyn auf, was mich fünfzig Dollar pro Trimester kostet.

F. Sie sind in einem wichtigen Sinne eine Revolutionärin. Was haben Sie dank Ihrem einsamen Mut über sich und über andere Frauen erfahren?

A. N. Die Bedeutung des Glaubens, die große Bedeutung der Orientierungsfähigkeit und des Innenlebens, um Druckversuchen von außen zu widerstehen. Aber auch die Erkenntnis, daß das erweiterte Bewußtsein sich durchsetzen und äußere Veränderungen verursachen *wird*. Ferner die Bedeutung einer inneren Überzeugung. Ich hatte meine Arbeit gern, und nichts konnte mich von ihr abhalten.

F. Viele Kritiker sind von der stark geladenen Atmosphäre Ihrer Werke beunruhigt worden. Warum benützen Ihre Heldinnen das Geheimnis, die Lockung und die Intrige so oft als Waffen?

A. N. Vermutlich weil ich an eine Kommunikation mit Hilfe der Gefühle, der Bilderwelt, der indirekten Aussage, des Mythos glaube. Ich denke, daß alle meine Frauen durch die Impulse des Unterbewußten zu leben versucht haben. In allen meinen Romanen gibt es eine einzige Heldin, die direkt handelt, und selbst sie entdeckt schließlich die Notwendigkeit einer Reise ins Innere. Ich habe nie an die Tat geglaubt, sondern nur an die Verwirklichung des Lebens auf der Ebene der Poesie.

F. Für Sie ist die Liebe immer das zentrale Anliegen in Ihren *Tagebüchern* und Romanen gewesen, aber Sie sprechen nur selten in einfacher Weise davon. Warum betrachten Sie die Liebe als ein so verwickeltes Netz von Beziehungen?

A. N. Die Liebe ist eine komplexe Sache. Eine Beziehung ist eine schwierige Schöpfung: wegen der Hindernisse, der Rollen, der Masken. Die Menschen bauen Labyrinthe. Wenn wir alle unsere »Ichs« ausleben könnten, würde das ein sehr verwickeltes Muster ergeben. Aber wir müssen dauernd ein Gleichgewicht aufrechterhalten: das sind die immerwährenden Schwingungen, die ich zu beschreiben versuche.

F. Die Intuition ist in hohem Maße Teil ihrer schriftstellerischen Methode. Können Sie Ihre Faszination für die spontane Erkenntnis in all ihren Ausprägungen schildern?

A. N. Als Kind merkte ich genau, was die Leute fühlten. Später versuchte ich, meine Intuition durch das Studium der Psychologie zu bestätigen. Mein Hang zum Romantisieren trieb mich dazu, zu überprüfen, was ich fühlte. Ich vertraue jetzt auf meine Intuition und ihre Kraft. Als ich in Japan war, hatte ich das Gefühl, Kontakt mit Leuten zu haben, die eine Sprache sprechen, die ich nicht spreche. Meine Erkenntnis beruhte auf Intuition, die ich aber in meinen Romanen und in meinem eigenen Leben noch intensiviert habe. Ich hatte in den dreißiger Jahren in Louveciennes ein Attika-Studio mit einer schrägen Decke. Wir malten die Horoskope aller unserer Freunde zwischen den Fenstern und verfolgten sie tagtäglich.

Jedes Horoskop hatte Zeiger wie eine Uhr, und wir formten Konfigurationen mit ihnen für jeden Tag, so daß wir sie studieren und sagen konnten: »Artauds Horoskop für heute ist...« Ich interessiere mich nicht mehr für den weissagenden Zweig der Astrologie, sondern nunmehr dafür, was sie über den Charakter des Menschen aussagen kann. Zur selben Zeit, als wir damit begannen, Horoskope zu verfolgen, zeichnete ich nach dem astrologischen Vorbild eine Karte, auf der meine Freunde und ihre Städte zu Konstellationen angeordnet waren. Ich fand die Idee, Beziehungen als Horoskope und Karten bildhaft darzustellen, sehr hübsch.

Bemerkungen zum Feminismus

Mein Beitrag zur Frauenbewegung ist nicht politischer, sondern psychologischer Natur. Ich bekomme Tausende von Briefen von Frauen, die durch die Lektüre meiner *Tagebücher* befreit worden sind. Diese stellen eine lange Studie der psychologischen Hindernisse dar, welche die Frau von ihrer völligen Entwicklung und Blüte abgehalten haben. Ich habe den negativen Einfluß der Religion, der Rassen- und Kulturraster studiert; dieser Einfluß kann nur durch aktives Handeln – nicht durch politische Schlagworte – aufgehoben werden. Ich beschreibe in den *Tagebüchern* die vielen Beschränkungen, die die Frau fesseln. Die *Tagebücher* selber waren eine Flucht vor dem Gerichtetwerden, ein Ort, an dem ich die wahre Situation der Frau analysieren konnte. Ich glaube, daß der Sinn für die Freiheit hier beginnen muß. Ich sage: beginnen, nicht bleiben. Eine Änderung der emotionalen Einstellung und der Überzeugungen der Frau wird ihr erlauben, wirksamer zu handeln. Ich meine damit nicht die praktischen, ökonomischen und soziologischen Probleme, da ich glaube, daß viele von ihnen mit Intelligenz und klarem Verstand gelöst werden können. Ich möchte vielmehr die Konfrontation mit uns selbst betonen, weil diese eine Quelle der Kraft ist. Verwechselt die Verlagerung der Verantwortung, die ich unternehme, nicht mit einer Rüge! Ich rüge die Frau nicht. Ich will bloß sagen, daß wir uns weniger hilflos fühlen würden, wenn wir die Verantwortung für unsere Lage selbst übernähmen, statt die Gesellschaft oder

den Mann zu tadeln. Wir vergeuden kostbare Energie für fruchtlose Rebellionen. Eine bessere Kenntnis der Dinge kann uns das Gefühl geben, Herr unseres Schicksals zu sein. Und sein eigenes Los selbst in die Hand zu nehmen, ist allemal beglückender, als zu erwarten, daß andere unser Schicksal für uns lenken. Gleichviel, was ich an Ideen, Psychologie, Geschichte oder Kunst vom Mann gelernt habe – ich habe gelernt, es in eine Bestätigung meiner Identität und meiner Überzeugungen umzuwandeln, damit es meinem Wachstum dienlich sei. Gleichzeitig liebte ich die Frau, war mir ihrer Probleme völlig bewußt und beobachtete ihr Streben nach persönlicher Entfaltung. Ich bin überzeugt, daß die anhaltende Revolution von den tiefen Veränderungen in uns herrührt, die unser gemeinsames Leben beeinflussen.
Ein Großteil der häuslichen Pflichten, die die Frau früher auf sich nahm, war ritueller Natur; durch sie konnten Liebe, Sorge und Schutz ausgedrückt werden. Wir müssen andere Mittel für unsere Hingabe finden. Wir können das Problem unserer Befreiung von allen Hausarbeiten nicht lösen, ohne zuvor begriffen zu haben, warum wir sie früher ausführten und warum wir uns schuldig fühlten, wenn wir sie nicht verrichteten. Wir müssen diejenigen, die wir lieben, davon überzeugen, daß es für uns andere Möglichkeiten gibt, ihr Leben zu bereichern. Ein Teil dieser Beschäftigungen hatte Ersatzcharakter. Das Heim war unser einziges Königreich, und es brachte uns viele Freuden. Wir wurden durch Liebe und Schönheit und durch ein gewisses Gefühl der Erfüllung entschädigt. Wenn wir unsere Energie und unsere Kraft in andere Bahnen lenken wollen, dann müssen wir an einer Übergangslösung arbeiten, die uns am Ende unsere private Welt kosten könnte. Aber ich glaube auch, daß wir mit unserem tiefsitzenden, tief eingeprägten Verantwortungsgefühl fertig werden müssen. Das bedeutet, daß wir eine schöpferischere Möglichkeit finden müssen, wie wir lieben, zusammenarbeiten, unsere Kinder erziehen oder fürs Haus sorgen können, und wir müssen jene, die wir lieben, davon überzeugen, daß es andere Mittel und Wege gibt, diese Dinge zu vollbringen. Freilich hat die Beschränkung der Welt der Frau aufs Private in uns auch Eigenschaften geschaffen, die der Mann in der Welt des Wettbewerbs bis zu einem gewissen Grad verloren hat. Ich glaube, daß die Frau ein menschlicheres Verhältnis zu ihren

Mitmenschen behalten hat und von der Unpersönlichkeit der Machtinteressen nicht verdorben worden ist. Ich habe die Frau in der Rechtsprechung, in der Politik und im Erziehungswesen beobachtet. Kraft ihrer Gabe für persönliche Beziehungen kämpft sie viel wirksamer gegen Ungerechtigkeit, Krieg und Vorurteile an. Ich träume von einer Frau, die eine neue Qualität in alle Berufe einbringt. Ich will eine andere Welt, nicht die gleiche Welt, die aus dem Bedürfnis des Mannes nach Macht – dieser Ursache des Kriegs und der Ungerechtigkeit – entstanden ist. Wir müssen eine neue Frau erschaffen.

Was ist zu den Ghettos und zur Armut zu sagen? Zunächst einmal: Der neue Mensch würde sie gar nicht zulassen. Denn es ist der Mensch selber, den ich verbessert sehen will, da wir ja bereits wissen, daß Drogen, Verbrechen, Kriege und Ungerechtigkeit durch eine Änderung des Systems nicht aus der Welt geschafft werden können. Unseren Führern fehlt es an Menschlichkeit. Ich möchte nicht, daß die Frau dasselbe Muster befolgt. Persönliche Qualitäten und Gedanken geltend zu machen, wurde früher vom Puritanismus tabuisiert, und nun wird es von militanten Fanatikern genauso tabuisiert. Eine psychologische Befreiung vermag indessen die praktischen Probleme zu lösen. Die Phantasie, das Können, die Intelligenz werden befreit, um nach Lösungen zu suchen. Ich sehe so viele Frauen in der Emanzipationsbewegung, die wie besessen im Teufelskreis über Probleme nachdenken, die lösbar sind, wenn man emotionell frei ist, klar zu denken und zu handeln. Ungelenkte, blinde Wut und Feindseligkeit sind keine wirksamen Waffen. Sie müssen in klarsichtige Taten umgewandelt werden. Jede Frau muß zuerst ihre eigenen Probleme überdenken, bevor sie innerhalb ihres Radius wirksam handeln kann; sonst fügt sie die Last ihrer Probleme zu denen der ohnehin überbelasteten Mehrheit nur hinzu. Ihre individuelle Lösung, ihr Mut, haben ihrerseits den Effekt von Zellenwachstum, von organischem Wachstum. Sie werden in die allgemeine Synthese einverleibt. Schlagworte verleihen uns keine Kraft, da Verallgemeinerungen unwahr sind. Viele intelligente Frauen und viele Männer, die an sich zur Zusammenarbeit bereit wären, werden durch Verallgemeinerungen abgeschreckt. Alle Frauen in eine Sache einspannen zu wollen, für die einige ungeeignet sind, ist unwirksam. Die Gruppe vermag nicht immer Kraft zu geben, weil sie sich nur nach dem kleinsten gemeinschaftlichen Nenner richtet. Die Gruppe schwächt den individuellen Willen und vernichtet den persönlichen Beitrag. Gegen die individuelle Bewußtseinserweiterung der Frau zu sein, heißt, dem kollektiven Nutzen entgegenzuwirken, dessen Qualität durch Forschen und Lernen des einzelnen erhöht wird. Jede Frau muß sich selbst, ihre Probleme und ihre Hindernisse kennen. Ich bitte die Frau einzusehen, daß sie Herr ihres eigenen Schicksals sein kann. Das ist ein beglückender Gedanke. Andere tadeln, bedeutet nur, daß man sich hilflos fühlt. Was mir an der Psychologie am besten gefiel, ist die Vorstellung, daß unser Schicksal in uns selber, daß es in unseren Händen liegt. Solange wir darauf warten, daß uns andere befreien, werden wir die Kraft nicht entwickeln, es selber zu tun. Wenn eine Frau ihre persönlichen, intimen Niederlagen, ihre privaten Feindseligkeiten und Mißerfolge nicht verarbeitet hat, so trägt sie den Bodensatz davon in die Gruppe hinein und erhöht so deren negative Reaktionen. Das heißt, die Befreiung auf eine zu schmale Basis stellen. Befreiung: das ist die Kraft, Hindernisse zu überwinden. Die Hindernisse sind die vorgegebenen erzieherischen, religiösen, rassischen und kulturellen Raster. Diesen muß man entgegentreten, und es gibt keine politische Lösung, die allen Genüge tut. Die wahren Tyrannen sind das Schuldgefühl, die Tabus, das Erbe der Erziehung. Sie sind unsere Feinde. Und wir können ihnen zu Leibe rücken. Der wahre Feind ist das, was uns beigebracht worden ist – nicht immer vom Mann, sondern oft auch von unseren Müttern und Großmüttern.

Das Unangenehme am Zorn ist, daß er uns dazu verleitet, unser Anliegen zu übertreiben, und uns daran hindert, das richtige Bewußtsein zu erlangen. Wir schaden oft unserer Sache mit dem Zorn. Es ist, wie wenn man Zuflucht zum Krieg nähme.

Die Probleme der Armut, Ungerechtigkeit und Vorurteile können von keinem System gelöst werden, das der Mann errichtet hat. Ich möchte, daß sie von einem Menschen höherer Qualität gelöst werden, der kraft seines eigenen Gesetzes der Wertung menschlichen Lebens solche Ungleichheiten nicht zulassen wird. In diesem Sinne wird alles, was wir zur Entwicklung dieser höheren Qualität beitragen, schließlich die ganze Gesellschaft durchdringen. Die Vorstellung, daß wir alle – untrainiert, unvorbereitet und unerfahren, wie wir sind – für

Massenaktionen eingezogen werden können, hat die Frau daran gehindert, sich zu entfalten. Darin steckt nämlich dieselbe altmodische Behauptung, daß das einzig Gute, das wir tun können, außerhalb von uns, in der Rettung anderer liegt. Wenn wir das tun, dann übersehen wir die Tatsache, daß das Böse von individuellen Mängeln, von unentwickelten Menschen herrührt. Wir brauchen Vorbilder. Wir brauchen Helden und Führer. Unter den vielen Rechtsanwälten, die von der Universität Harvard kamen, war nur ein Ralph Nader. Aber ein Nader hat einen nicht berechenbaren Einfluß. Wenn wir aus politischen Gründen fortfahren, jene zu verunglimpfen, die dank der äußersten Entwicklung ihrer Fähigkeiten als Elite, als privilegierte, außergewöhnliche Menschen gelten, werden wir niemals fähig sein, anderen dabei zu helfen, ihre eigene Leistungsfähigkeit zu erreichen. Wir brauchen Pläne, wie für die Architektur, so auch für die Erschaffung von Menschen.
Der Angriff gegen die individuelle Entwicklung gehört in die dunklen Zeiten des Sozialismus. Wenn ich heute in der Lage bin, Frauen zu inspirieren und ihnen zu helfen, so nur, weil ich unbeirrt an meiner Entwicklung festhielt. Ich wurde oft von anderen Pflichten abgelenkt, aber ich gab diese schonungslose, disziplinierte Bildung meines Bewußtseins nie auf, weil ich erkannte, daß einem jeden gescheiterten System zur Verbesserung des menschlichen Loses ein unvollkommenes, korrumpierbares menschliches Wesen zugrunde liegt.
Es ist ermutigend, über jene Frauen zu lesen, die dem Verhaltenskodex und den Tabus ihrer Zeit getrotzt haben: Ninon de Lenclos im siebzehnten Jahrhundert, Lou Andreas-Salomé zur Zeit von Freud, Nietzsche und Rilke, und heute Han Suyin. Oder etwa die vier Heldinnen in Lesley Blanchs *Sie folgten ihrem Stern.*
Ich entdecke viel Negatives in der Frauenbewegung. Es ist weniger wichtig, männliche Schriftsteller anzugreifen, als weibliche zu entdecken und zu lesen; es ist weniger wichtig, die von Männern beherrschten Filme anzugreifen, als Filme zu machen, die von Frauen gedreht werden. Wenn die Passivität der Frau eines Tages wie ein Vulkan oder wie ein Erdbeben ausbricht, wird sie bloß Unheil anrichten. Diese Passivität kann in schöpferischen Willen umgewandelt werden. Drückt sie sich aber in einem Krieg aus, dann ist sie eine Nachahmung männlicher Methoden. Es wäre gut, die Werke von Frauen zu

studieren, denen persönliche Beziehungen wichtiger waren als die Machtkämpfe der Geschichte. Ich träume von einem menschlicheren Rechtsanwalt, einem menschlicheren Erzieher, einem menschlicheren Politiker. Ein Mann oder wie ein Mann zu werden, ist keine Lösung. Es gibt noch viel zuviel Nachahmung des Mannes in der Frauenbewegung. Das läuft auf eine bloße Machtverschiebung hinaus. Die Frau sollte die Macht anders definieren. Ihre Definition sollte auf den Beziehungen zu ihren Mitmenschen beruhen. Jene Frauen, die sich wirklich mit ihren Unterdrückern, wie das Klischee lautet, identifizieren, sind *die* Frauen, die wie Männer handeln, die sich vermännlichen, und nicht jene, die versuchen, den Mann zu bekehren oder ihn zu verwandeln. Eine Gruppe kann sich nicht auf Kosten einer anderen befreien. Die Befreiung kann nur gesamthaft und einvernehmlich geschehen.

Gruppendenken verleiht keine Kraft. Es schwächt den Willen. Das Denken der Mehrheit ist tyrannisch, weil es das individuelle Wachstum hemmt und nach einer Formel für alle sucht. Individuelles Wachstum schafft ein Gemeinschaftsleben höherer Qualität. Eine entwickelte Frau wird allen ihren Pflichten gegenüber der Gesellschaft nachzukommen und wirksam zu handeln wissen.

Meine Schwester, meine Gattin

Ich bin durch H. F. Peters auf Lou Andreas-Salomé aufmerksam gemacht worden, und dieses Vorwort zur Wiederauflage seines Buches ist ein Zeichen der Dankbarkeit. Er hat ein vollständiges Porträt von ihr gezeichnet, auch wenn nicht alles über sie in Erfahrung zu bringen war. Daß sie viele ihrer Briefe vernichtet hat, hat ihn in seiner Arbeit stark behindert. Aber dank seinem Gespür, seinem Verständnis und seinem Einfühlungsvermögen lernen wir eine Frau gründlich kennen, deren Bedeutung für die Geschichte der Frauenentwicklung unermeßlich ist. Peters hat ein liebevolles Porträt von ihr gezeichnet, das ihre Begabung und ihren Mut zum Ausdruck bringt.

Der Umstand, daß wir nicht alles über Lous Leben wissen, zwingt unsere Phantasie, sie im Lichte des Kampfes der Frau um Unabhängigkeit zu sehen. Wir können die Geheimnisse, die Zwiespältigkeit und die Widersprüche verstehen, weil sie dem heutigen Stand unseres Wissens über die Frau entsprechen. Es muß noch vieles über die inneren Motive und Reaktionen, über die unterbewußten Triebe der Frau nachgetragen werden. Die Geschichte und die Biographien müssen neu geschrieben werden. Wir haben noch keinen weiblichen Gesichtspunkt zur Beurteilung der Frau wegen der vielen Jahre, in denen Enthüllungen tabu waren. Wenn Frauen solche Enthüllungen wagten, wurden sie für gewöhnlich von der Gesellschaft und den Kritikern dafür verurteilt. Die Biographien von Frauen waren von moralischer Wertung durchsetzt. Peters erlaubt sich keine derartigen Urteile. Er gibt uns alle Tatsachen, die wir benötigen, um Lou im Lichte neuer Bewertung zu interpretieren.

Lou Andreas-Salomé symbolisiert den Kampf zur Überwindung von Konventionen und Traditionen im Denken und im Leben. Wie kann eine intelligente, schöpferische, originelle Frau Umgang mit genialen Männern pflegen, ohne von ihnen erdrückt zu werden? Der Konflikt, der aus dem Wunsch der Frau entsteht, im Geliebten aufzugehen, ohne dabei ihre Eigenständigkeit zu verlieren, versinnbildlicht den Kampf der modernen Frau. Lou hat alle Stadien und Entwicklungen der Liebe durchgemacht: das Geben wie das Vorenthalten, das Ausweiten wie das Zusammenziehen. Sie heiratete, aber sie führte auch das Leben einer Unverheirateten; sie liebte sowohl ältere als auch jüngere Männer. Sie fühlte sich von der Begabung angezogen, aber sie wollte nicht bloß als Jünger oder als Muse dienen. Nietzsche hat zugegeben, daß sie ihn – während er den *Zarathustra* schrieb – inspiriert habe; sie habe sein Werk wie sonst keiner verstanden.

Während vieler Jahre erlitt Lou das Schicksal außergewöhnlicher Frauen, die mit außergewöhnlichen Männern verkehren. Man kannte sie nur als Freundin von Nietzsche, Rilke und Freud, obwohl gerade die Veröffentlichung ihres Briefwechsels mit Freud ziegt, mit welcher Ebenbürtigkeit er sie behandelt und mit welcher Hochachtung er ihre Meinung gesucht hat. Sie schrieb die erste feministische Untersuchung über Ibsens Frauengestalten und eine Studie über Nietzsches Werk. Aber ihre Bücher sind nicht mehr erhältlich.

Sie inspirierte Rilke, aber sie rebellierte gegen seine Abhängigkeit und seine Depressionen. Ihre Liebe zum Leben wurde dadurch belastet, und nach sechs Jahren brach sie schließlich mit ihm, weil – wie sie sagte – »ich anderen nicht treu sein kann, nur mir selbst«. Sie mußte ihr eigenes Werk schaffen, und ihre Treue galt ihrer expansiven Natur, ihrer Leidenschaft fürs Leben und ihrer Arbeit. Sie erweckte die Begabung anderer, aber sie verstand es auch, Raum für ihre eigene zu wahren. Sie benahm sich wie alle starken Persönlichkeiten der Zeit, deren romantische Bindungen wir alle bewunderten, *wenn sie Männer waren.* Sie besaß eine Gabe für Freundschaft und Liebe, aber sie wurde von der Leidenschaft der Romantiker nicht verzehrt, die den Tod dem Verlust der Liebe vorzogen. Dennoch weckte sie romantische Leidenschaften. Sie war in Einstellung, Denken und Werk ihrer Zeit weit voraus. Von alldem gibt Peters einen Eindruck, deutet es an und bestätigt es.

Es ist nur natürlich, daß mich Lou faszinieren, verfolgen mußte. Aber ich fragte mich, was Lou einer jungen Frau bedeuten würde – einer schöpferischen und modernen jungen Frau. Da beschloß ich, über Lou mit Barbara Kraft zu diskutieren, die in einer Studie über sie schreibt:

> »Im Verlauf ihres Lebens (1861–1937) wurde Salomé Zeugin des Untergangs der romantischen Tradition und wurde Teil der Entwicklung des modernen Denkens, das im zwanzigsten Jahrhundert zum Tragen kam. Salomé war die erste ›moderne Frau‹. Der Inhalt ihrer Gespräche mit Nietzsche und Rilke nahm die philosophische Position des Existentialismus vorweg. Und dank ihrer Arbeit mit Freud spielte sie eine führende Rolle in der frühen Entwicklung und Praxis der psychoanalytischen Theorie. Ich begann, sie als Heldin zu betrachten, als eine Persönlichkeit, die im positivsten Sinne des Wortes Heldenverehrung verdient. Die Frauen leiden heute außerordentlich darunter, daß ihnen die Identifikationsmöglichkeit mit einer heroischen Frauengestalt fehlt.«

Barbara spürte, daß es kaum heroische Frauenfiguren gibt, weil ihre Biographien gewöhnlich von Männern geschrieben werden. Als Frauen suchten wir Frauen, die uns Kraft geben, uns begeistern und ermutigen würden. Das vollbringt Peters mit seinem Porträt von Lou.

Wir diskutierten darüber, warum sie von einer Beziehung zur

anderen wanderte. Wir konnten feststellen, daß sie – als sehr junge Frau – Nietzsches Dominanz fürchtete, der einen Jünger suchte, jemand, der *sein* Werk fortsetzen würde. Nach der Lektüre ihrer Briefe an Rilke konnten wir verstehen, warum sie nach sechs Jahren das Gefühl hatte, ihre Beziehung zu ihm erfüllt zu haben, und warum sie weitergehen mußte. Sie wahrte ihre Identität mit bemerkenswerter Beharrlichkeit. In ihren Diskussionen mit Freud brachte sie weibliche Einsichten freundlich und klug zum Ausdruck und gewann so seine Achtung vor ihrem Urteil. Sie wahrte ihre Autonomie, als sie von mächtigen, ja übermächtigen Männern umgeben war, deren Interesse an ihr – da sie eine schöne Frau war – oft von Bewunderung zu Leidenschaft wechselte. Reagierte sie aber nicht darauf, hielt man sie für frigide. Ihre Freiheit bestand darin, daß sie ihren tiefen, unbewußten Bedürfnissen nachlebte. Sie sah die Unabhängigkeit als die einzige Möglichkeit an, Bewegung zu erzielen. Bewegung aber bedeutete für sie unablässiges Wachstum und Entwicklung.

Sie gestaltete ihr Leben nach dem Vorbild der Männer, aber sie war keine männliche Frau. Sie nahm für sich die Freiheit in Anspruch, sich zu ändern, sich zu entwickeln und zu wachsen. Sie behauptete ihre Integrität gegen die Sentimentalität und gegen die heuchlerischen Definitionen von Treue und Pflicht. Sie ist einzigartig in der Geschichte ihrer Zeit. Sie war überhaupt keine Feministin, aber sie kämpfte gegen die weibliche Seite in sich, um ihre Integrität als Individuum zu wahren.

H. F. Peters, der Lou vollkommen verstanden hat, zitiert ihre zusammenfassende Einsicht: »Das menschliche Leben – ja jedes Leben – ist Poesie. Wir leben es unbewußt, Tag für Tag, Stück für Stück, aber es lebt *uns* in seiner unantastbaren Ganzheit.«

Zwischen mir und dem Leben

In dieser Biographie einer hochbegabten, aber wenig bekannten Künstlerin vereinigt Meryle Secrest klare psychologische Einsicht mit Einfühlungsvermögen zu einer gründlichen Untersuchung von Charakter und Beziehungen. Sie erweckt ein verlorenes Stück Kunstgeschichte zu leuchtendem Leben. Sie besitzt die Gabe und die Stärke, die Geschichte in schimmernden Farben nachzuzeichnen. Es ist ungewöhnlich für eine Charakterstudie, so tief in einen Menschen einzudringen und doch die Atmosphäre um ihn herum, den Lebensstil der Zeit einzufangen.

Das Buch ist aus vielen Gründen faszinierend. Die gebürtige Amerikanerin Romaine Goddard Brooks, die 1970 im Alter von sechsundneunzig Jahren starb, durchlitt einen Alptraum von einer Jugend, die jeden anderen in seiner Entwicklung beeinträchtigt und seelisch verkrüppelt hätte. Der Künstler in ihr entwickelte sich trotzdem. Auch wenn diese Kindheit, wie sie selber sagt, »zwischen mir und dem Leben« stand – einem unsichtbaren Nebel gleich, der ihr Liebesfeuer abkühlte, die höchste Entfaltung ihres Genies verhinderte und sogar ihren Lebenstrieb hemmte –, war sie dennoch, verglichen mit dem verkümmerten Leben vieler moderner Künstler heute, in ein reiches, farbiges Muster von Freundschaften und Liebschaften mit vielen bedeutenden Persönlichkeiten ihrer Zeit verstrickt.

Secrest erwähnt diese Künstler und Schriftsteller nie als bloße Namen; sie beschreibt und untersucht einen jeden von ihnen eingehend. Indem sie sie – zur Zeit ihrer jeweiligen Beziehung mit Romaine Brooks – ins grelle Scheinwerferlicht rückt, wahrt sie das schöne Gleichgewicht zwischen der Vorstellung berühmter Persönlichkeiten und deren gründlicher Erforschung.

Die Zeit der Jahrhundertwende in Paris war eine Epoche, die Originalität zuließ und individuelle Lebensmuster, Exzentrizitäten, sowie alle Formen und Ausprägungen der Liebe tolerierte. Es war eine Zeit, in der es vor allem auf die Begabung ankam.

Die Lebensgeschichte der amerikanischen Millionärserbin Natalie Barney ist an sich schon ergiebig genug und ebenso reich an Auswirkungen wie das zentrale Thema der lesbischen Liebe, die sie mit Romaine Brooks verband. Sie waren beide begabte, unabhängige Frauen, die sich ihre eigenen Lebens- und Verhaltensmuster schufen. Der Reichtum und die vielen Dimensionen ihrer Beziehung sorgten für höchste Spannung. Was unser Interesse an der Geschichte der Romaine Brooks erhöht, ist die nahe, intime Sicht, die wir von ihren ungewöhnlichen Freun-

den gewinnen: die Illusion, in jener Zeit zu leben und teilzunehmen an ihren Leistungen und an ihrer Verzweiflung.
»In ihrer Gesamtheit sind die 13 Gemälde, die Romaine Brooks in der angesehenen Galerie Durand-Ruel sechs Jahre nach ihrem Aufenthalt in St. Ives zeigte, Zeugnisse einer reifen Begabung und eine triumphale Rechtfertigung ihrer Entschlossenheit, eine Künstlerin zu werden (›Ich bin als Künstlerin geboren. Ich bin eine geborene Künstlerin, nicht eine geborene Goddard.‹), die sie auf Kosten eines vollständigen Bruchs mit ihrer Familie und vielen Jahren der Armut und konzentrierter Anstrengung errungen hat.«
Der exzentrische Dichter, Kunstkritiker und Salonlöwe Robert de Montesquieu, der Proust zu seinem Baron de Charlus inspiriert hat, bewunderte sie, verkehrte freundschaftlich mit ihr und nannte sie eine »Seelendiebin«, weil er erkannte, daß sie in ihren Porträts das Geheimnis, das traurige Ich, das hinter der gespielten Rolle steckt, erfaßte und bloßlegte, Apollinaire entdeckte zuviel Trauer und Strenge in ihrem Werk.
Secrest meint, daß Romaine Brooks möglicherweise ihre eigene tragische Erfahrung auf andere projiziert habe oder daß ihr tragisches Leben sie die sorgfältig versteckten Narben der anderen leichter hat aufspüren lassen.
Jean Cocteau, Paul Morand, Ida Rubinstein und D'Annunzio haben ihr Modell gestanden. Sie war ein Leben lang von bedeutenden Persönlichkeiten umgeben: von Somerset Maugham, Axel Munthe, Gertrude Stein, Ezra Pound, André Gide, Colette, Compton Mackenzie. Sie unternahm den Versuch einer Ehe mit einem Homosexuellen in der Annahme, daß sie Kameraden sein und dabei ihren eigenen Vorlieben nachleben könnten. Die Ehe dauerte kaum ein Jahr.
Die Hauptthemen des Buches sind die Suche nach Liebe und nach Erfüllung als Künstlerin. Als solche wurde sie von den scharfsinnigsten Geistern Europas bewundert und anerkannt. Was Romaine Brooks in ihrer Suche nach Liebe wollte, sagt Secrest, war das, was sie nie gehabt hatte: die alles bejahende Liebe einer Mutter. Secrest zitiert Dr. Charlotte Wolff: »Der emotionelle Inzest mit der Mutter ist in der Tat der eigentliche Kern des Lesbianismus.« Meiner Meinung nach ist das eine beschränkte Sicht, und jede Liebessuche kann als Ersatz für die Liebe gedeutet werden, die einem am Anfang des Lebens nicht geschenkt worden ist. Secrest erinnert uns daran, daß Dante in

seiner Hölle eine besondere Ecke für jene Eltern vorgesehen hatte, die ihren Kindern keine Liebe gaben. Im Fall von Romaine Brooks war es die zwanghafte Liebe ihrer Mutter zum Sohn, die ihr die Wunde beibrachte und zur Überzeugung beitrug, ihre Weiblichkeit verleugnen zu müssen.

Ihr inniges Liebesverhältnis mit Natalie Barney, »›dem wilden Mädchen aus Cincinnati‹, die in ganz Paris für ihren Reichtum, ihre gesellschaftlichen Beziehungen, ihre Lyrik, ihre aphoristischen Schriften und ihren skandalös unorthodoxen Lebenswandel bekannt war«, ist eine faszinierende Studie – komplex und tiefgreifend. Ihr langes Verhältnis mit D'Annunzio ist ebenso reich in seinem Gefüge und seinen Stimmungen.

Romaine Brooks' Bilder wurden 1971 zum erstenmal in Amerika ausgestellt, ein Jahr, nachdem sie vergessen in Nizza gestorben war. Secrest schreibt: »Wenn man das Leben eines Künstlers beschreibt, so kann man das Werk entweder als eigenständiges Phänomen – unabhängig vom Leben – auffassen oder aber seinen Ursprung in der besonderen psychischen Veranlagung des Künstlers suchen. Das Werk von Romaine Brooks kann nicht von ihrem Leben getrennt werden.«

Sie ist eine der außergewöhnlichen Frauen, die in letzter Zeit vor der Vergessenheit gerettet worden sind. Dies mag dem wachsenden Bedürfnis der Frauen zuzuschreiben sein, die Geschichte der Frau neu zu schreiben, oder aber der geheimnisvolleren Ursache, die das Werk eines Künstlers oft in Dunkelheit hüllt, bis unser Geschmack, unsere Urteilskraft und unser Verhältnis es einholen, was die Zyklen der Verfinsterung erklärt und auch die Zyklen, in denen ein schon lange verstorbener Künstler zu einem wesentlichen Bestandteil unseres modernen Bewußtseins wird. Wir verstehen heute Romaine Brooks' qualvolle Beziehung zu ihrer geisteskranken Mutter viel besser. Wir verstehen die verschiedenen und mannigfaltigen Äußerungen der Liebe, die Hindernisse und die Schwierigkeiten, die die Entwicklung einer Künstlerin begleiten.

Lord Alfred Douglas schickte Romaine Brooks seinen Gedichtband mit der Widmung: »Wir haben einander oft unvergängliche Dinge gesagt.«

Dies kann auch von dieser Biographie gesagt werden, in der die Geschichte der Malerei, der Sitten, der Schauplätze, der Menschen harmonisch eingewoben ist und die uns – wenn wir dem Ariadnefaden eines Lebens weit genug folgen – erlauben wird, viele andere Leben und unvergängliche Tiefen menschlicher Erfahrung zu entdecken.

Frauen und Kinder Japans

Die Frauen Japans sind die gegenwärtigsten und zugleich unsichtbarsten und am schwersten faßbaren Bewohner eines Landes, die ich je gesehen habe. Sie sind überall – in den Restaurants und Läden, in Museen, Untergrundbahnen, Zügen, Hotels und Gasthöfen, auf den Straßen und Feldern –, und doch erreichen sie einen Grad an Unauffälligkeit, der für Ausländerinnen verblüffend ist. In den Hotels und Gaststätten sind sie fürsorglich, zuvorkommend und hilfreich in einem – außer von Männern – nie erträumten Maße, aber sie überhäufen auch weibliche Besucher mit derselben Fürsorge und Zärtlichkeit. Es ist, als ob unser Traum von einer stets aufmerksamen, stets beschützenden Mutter auf kollektiver Basis erfüllt worden wäre, bloß daß diese Mutter ewig jung und reizend gekleidet ist. Sie sind arbeitsam und doch still, tüchtig, allgegenwärtig und doch nicht aufdringlich oder lästig.
Ich wurde von meinem Verleger, Tomohisa Kawade, nach Japan eingeladen, und da ich Schriftstellerin bin, wurde ich in eines der Geisha-Restaurants eingelassen, die normalerweise nur von Männern geführt werden. Eine Geisha kniete oder stand hinter einem jeden Gast, und kaum war meine Saki-Tasse leer, beugte sich meine Geisha mit der schnellsten und leichtesten Geste nach vorn und füllte sie wieder. Sie bemerkte auch, daß ich meinen Fisch mit Eßstäbchen nicht zu bewältigen wußte, und zerlegte ihn selbst mit verblüffender Geschicklichkeit. Zuerst machte sie den Fisch weich, indem sie ihn mit dem Eßstäbchen niederdrückte, und dann zog sie mit einer raschen Bewegung sämtliche Gräten heraus. Und all dies in einem erlesenen Kleid mit losen Ärmeln, das eine westliche Frau völlig lähmen würde. Eine andere Geisha brachte mir ein Halstuch zum Signieren: »Ich habe Hemingway gelesen«, sagte sie. »Er signierte mein Halstuch, als ich fünfzehn war.«
Sie bücken sich keinen Augenblick länger als nötig vor dem

Gast; keine einzige von ihnen schien sagen zu wollen: »Schauen Sie mich an, ich bin hier.« Die Art, wie sie Tabletts trugen, Speisen servierten und zuhörten, nahm sich wie ein wunderbarer Triumph über Unbeholfenheit, Schwitzen und Trägheit aus. Sie hatten die Schwerkraft besiegt.

Es tat mir weh, zu sehen, wie sie – gekleidet in frische und bestickte Kimonos, das Haar in der klassischen Frisur, lackiert und adrett, mit weißen Tabis und neuen Sandalen – uns im Regen auf die Straße begleiteten und sich tief im Regen verbeugten, bis wir weg waren.

Ich sah sie außerhalb von Tokio in ihrem Geisha-Viertel zur Arbeit eilen: vorzüglich gekleidet, kunstvoll frisiert, in schneeweißen Tabis und Holzsandalen, der Stoff ihrer Kimonos immer leicht gestärkt, die Ärmel flatternd wie Schmetterlingsflügel.

Ich sah Frauen bei der Arbeit in Fabriken. Sie trugen blaue Kimonos aus Drillich, abgenützt, aber sauber. Sie knieten mit untergeschlagenen Beinen und arbeiteten mit denselben präzisen Bewegungen wie ihre entzückenderen Ebenbilder. Ihr Haar war nicht lackiert oder zu runden Chignons aufgesteckt, sondern hübsch geflochten.

Die modernen, emanzipierten Japanerinnen blieben in Tokio. Die Frauen, die ich auf der übrigen Reise sah, schienen dazusein, um dem Auge zu gefallen und unserem Bedürfnis nach einem Drink auf wunderbare Weise zu entsprechen.

Ihre Tracht schnürte sie ein, aber ihre Gesten blieben leicht und luftig trotz der Enge ihres Obis. Sie waren so leichtfüßig in ihren Holzsandalen wie Ballettänzerinnen.

Die Bäuerinnen auf den Feldern trugen zur Arbeit dasselbe harmonische Kleid aus grobem Drillich, das einheitlich und gepflegt aussieht, sogar wenn es abgenutzt ist. Der Strohhut und der Korb waren ebenfalls einheitlich, und die Frauen arbeiteten in derart geordneter Aufstellung, daß sie einen schön erdachten Gruppentanz aufzuführen schienen. Ich schaute ihnen zu, wie sie Unkraut ausrissen – in einer Reihe, auf den Knien, mit Körben neben sich –, und sie taten es rhythmisch, ohne eine einzige abweichende oder ungeschickte Bewegung. Die Frauen jäteten die Gärten, während die Männer sich um die Bäume kümmerten oder die Teiche von überschüssigen Wasserlilien säuberten.

Diese Sanftheit, diese allumfassende Aufmerksamkeit der

Frauen: ich dachte unwillkürlich an japanische Filme, in denen sich diese Zartheit in Wildheit verwandeln kann, wenn sie herausgefordert wird, in denen die Frauen einen mit einem Dolch oder zuweilen sogar mit einem Schwert erschrecken. Was für eine moderne Frau würde aus der tiefgründigen, maskierten, lange dem Blick verborgenen Japanerin vergangener Zeiten zum Vorschein kommen? Das ganze Geheimnis der japanischen Frauen steckt hinter ihrem glatten Gesicht, das nur selten ihr Alter verrät – mit Ausnahme vielleicht der Bäuerinnen, die von der Natur gezeichnet sind. Aber die Glätte bleibt von der Kindheit bis weit ins reife Alter erhalten.

Ich kam zum Schluß, daß diese Zuvorkommenheit keine Maske sein kann; sie scheint so natürlich wie ein aufrichtiges Gespür für den Mitmenschen zu sein. Sie scheint von einem Identifikations- und Einfühlungsvermögen herzurühren.

Obwohl meine Verleger jung waren – achtundzwanzig und neunundzwanzig –, machten sie mich mit ihren Ehefrauen nicht bekannt. Diese wurden zu keinem unserer Abendessen in den Restaurants und zu keinem unserer Besuche von Nô-Spielen und Kabuki eingeladen. Um mich zu trösten, besorgte ich mir eine ganze Reihe von Romanen, in der Hoffnung, auf diese Weise mit den Gefühlen und dem Denken der japanischen Frauen besser vertraut zu werden. Es war eine Frau, Shikibu Murasaki, die das erste Tagebuch im Jahre 900 schrieb, und obwohl es ein Werk ist, das mit seinen subtilen und kunstvollen Details an Proust erinnert und die Gedanken und Gefühle der am Kaiserhof lebenden Menschen beschreibt, bleibt darin die Frau selbst ein bloßes Bild. Die modernen Werke weiblicher Autoren sind nicht übersetzt. Und die Romane haben mich insgesamt der japanischen Frau kaum nähergebracht. Dasselbe Element von Selbstlosigkeit dringt auch in die Romane hinein. Nur sehr wenige Frauenfiguren dominieren oder entwickeln Selbstbewußtsein. Es herrscht eine ausgeprägte Tendenz vor, im Einklang mit dem Verhaltenskodex, den Sitten, den religiösen und kulturellen Gesetzen zu leben: für ein kollektives Ideal zu leben. Wer ausbricht, wird als ein Ungeheuer des Bösen hingestellt.

In einem Bus nach Kiushu begleitete uns eine Reiseführerin in einer leichten blauen Uniform, mit einem kleinen weißen Hut und weißen Handschuhen. Sie war nicht eigentlich hübsch, aber ihr Gesichtsausdruck strahlte eine solche Lebhaftigkeit,

Aufgeschlossenheit und Teilnahme auf die Touristen aus, eine solche Wärme und Freundlichkeit, daß sie die Reisenden den ganzen anstrengenden und schwierigen Tag über bei guter Laune hielt. In jedem Dorf, in dem der Bus anhielt, sang sie das Volkslied der Gegend. Ihre Stimme war klar und süß wie die eines Kindes, und doch verfolgte sie einen wie der Klang einer wehmütigen Flöte, die man in der Einsamkeit spielt. Sie blieb trotz der Hitze, der Müdigkeit, der lästigen Reisenden stets frisch, heiter, leichtfüßig und trug ihre moderne Arbeitslast mit solcher Leichtigkeit als wäre sie ein Fächer.
Die Kinder sind ein Rätsel anderer Art: das Rätsel von so gleichmäßig dosierter Disziplin und Liebe, daß sie mir als die spontansten und zugleich wohlerzogensten Kinder, die ich je gesehen habe, vorkamen. Sie sind lebhaft, fröhlich, reizend, offen, ausdrucksvoll und frei, aber ihre Freiheit endet nie in Eigensinn oder Anarchie. Ich erlebte, wie japanische Kinder, die durch ein Museum geführt wurden, auf ein amerikanisches Kind ihres Alters trafen. Sie umringten es unbekümmert, zwitscherten und sprachen die wenigen Brocken Englisch, die sie konnten. Das amerikanische Kind schaute mürrisch, mißtrauisch und distanziert in die Runde.
In den Gärten und Museen waren sie aufgeschlossen und neugierig. Ihre Fröhlichkeit war anhaltend, aber beherrscht. Während des Gion-Festivals in Kyoto, das mehrere Stunden dauert, waren die Kinder überall, aber sie unterbrachen die Feier nicht. Die Hitze ermüdete sie nicht, die Menge machte sie nicht schmutzig, ihre Kleider wurden nicht zerknittert. Hatten sie schon in so jungen Jahren gelernt, Schlamperei und schlechte Laune zu besiegen, selbst aus dem ermüdendsten Tag frisch und anmutig hervorzugehen? Ich dachte an die Gärten Japans, an die Ordnung, die Stilisierung, an die Kontrolle über die Natur, die die Gärten nur zu einem ästhetisch vollkommenen Bild machen. Haben die Japaner diese Wunder an ästhetischer Perfektion ganz natürlich erreicht? Kein Unkraut, keine toten Blätter, keine Unordnung, kein Durcheinander, keine welken Blumen, keine mit Dreck übersäten Wege?
Dies ist meine Erinnerung an die Frauen und Kinder Japans.

Plädoyer für den empfindsamen Mann

Im vergangenen Jahre verbrachte ich die meiste Zeit mit jungen Frauen an den Universitäten, mit jungen Frauen, die Dissertationen über meine Werke schrieben. Die Diskussion über die *Tagebücher* führte immer zu persönlichen und intimen Gesprächen über ihr eigenes Leben. Ich merkte, daß sich die Ideale, Phantasien und Wunschvorstellungen all dieser Frauen in einer Übergangsphase befanden. Intelligent, begabt, beteiligt an der Gestaltung und am Leben ihrer Zeit, wie sie sind, scheint die herkömmliche Definition des Mannes ihre Anziehungskraft für sie verloren zu haben.

Sie hatten gelernt, den reinen *Macho*-Typ zu entlarven, seine falsche Männlichkeit, Körperkraft, Geschicklichkeit beim Spiel, Arroganz und – was noch viel gefährlicher ist – seinen Mangel an Sensibilität. Der Held des Films *Der letzte Tango in Paris* widerte sie an: der Sadist, der Mann, der die Frau demütigt, dessen Machtdemonstration nur Fassade ist; die sogenannten Helden (die Pose eines Hemingway oder Mailer in der Literatur), die falsche Kraft. All dies wurde von diesen neuen Frauen entlarvt und abgeschüttelt, weil sie zu intelligent waren, um sich täuschen zu lassen, zu klug und zu stolz, um sich der männlichen Machtprotzerei zu unterwerfen, die sie nicht beschützte (wie frühere Generationen von Frauen glaubten), sondern ihr Dasein als Individuen gefährdete.

Die Faszination verlagerte sich auf den Dichter, den Musiker, den Sänger, auf den empfindsamen Mann, mit dem sie studiert hatten, auf den natürlichen, ehrlichen Mann ohne Pose und Schau, auf den Anspruchslosen, auf denjenigen, der Krieg und Habgier, Kommerzsucht und politisches Zweckdenken verabscheut. Auf einen neuen Mann, der der neuen Frau gewachsen ist. Sie halfen einander bei ihrem Studium, sie beantworteten gegenseitig ihre Gedichte, schrieben Briefe voller Bekenntnis und Selbstbeobachtung, maßen ihrem Verhältnis Bedeutung bei, widmeten ihm Sorgfalt, Zeit und Aufmerksamkeit. Sie hielten nichts von unpersönlicher Sinnlichkeit. Beide wollten an etwas arbeiten, das sie gern hatten.

Ich bin vielen Paaren begegnet, die dieser Beschreibung entsprechen. Keiner dominierte. Jeder tat, was er am besten konnte; sie teilten sich in die Arbeit – selbstverständlich und

ohne das Bedürfnis zu haben, Rollen oder Grenzen festz
Ihr charakteristischer Zug war die Sanftmut. Es gab k
Herrn des Hauses. Es war nicht nötig, geltend zu machen, w
das Einkommen heimbringt. Sie hatten die feine Kunst des Schwingens gelernt, die menschlich ist. Weder die Stärke noch die Schwäche sind feste Eigenschaften. Wir alle haben unsere starken und unsere schwachen Tage. Sie hatten Rhythmus, Geschmeidigkeit, Relativierung gelernt. Jeder steuerte Wissen und besondere Erkenntnisse bei. Es gibt keinen Krieg der Geschlechter bei diesen Paaren. Es ist nicht nötig, Verträge über Eheregeln aufzustellen. Die meisten haben kein Bedürfnis zu heiraten. Einige wollen Kinder und einige wollen keine. Sie sind sich beide über die Bedeutung von Träumen im klaren – nicht als Symptome von Neurosen, sondern als Führer zu unserem verborgenen Wesen. Sie wissen, daß jeder sowohl mit männlichen wie mit weiblichen Eigenschaften ausgestattet ist.

Bei einigen dieser jungen Frauen entwickelte sich aber eine neue Angst. Es war, als hätten sie sich, nachdem sie so lange unter der direkten oder indirekten Herrschaft der Männer gelebt hatten (die den Stil, das Muster, die Pflichten ihres Lebens bestimmte), daran gewöhnt. Und nun, da diese Herrschaft weg war, da sie frei waren, Entscheidungen zu treffen, beweglich zu sein, ihre Wünsche auszusprechen, ihr eigenes Leben zu führen – da fühlten sie sich wie Boote ohne Ruder. Ich sah Fragen in ihren Augen. Wurde Empfindsamkeit als zu sanft, Nachsichtigkeit als Schwäche betrachtet? Sie vermißten die Autorität – genau das, was sie versucht hatten zu überwinden. Die alte Gewohnheit hatte so lange gewirkt. Frauen als Abhängige. Einige unabhängige Frauen, aber wie wenige im Verhältnis zu den abhängigen. Das Angebot unumschränkter Liebe war ungewöhnlich. Einer Liebe ohne Ich-Bezogenheit, ohne Forderungen, ohne Moralkritik. Einer Liebe, die der Frau nicht ihre Pflichten vorschrieb (du mußt dies tun und das tun, du mußt mir bei der Arbeit helfen, du mußt meine Karriere unterstützen und sie fördern).

Diese neue Liebe kam beinahe einer Zwillingsbruderschaft gleich. Keine Macht, keine Diktatoren. Seltsam. Es war neu. Es war Neuland. Man kann nicht Unabhängigkeit *und* Abhängigkeit haben. Man kann sie gleichmäßig abwechseln lassen, und dann können beide wachsen, ungehemmt, ohne Hindernisse.

Der empfindsame Mann kennt die Bedürfnisse der Frau. Er ist bestrebt, sie leben zu lassen. Aber die Frauen erkennen manchmal nicht, daß das, was sie vermissen, gerade dasjenige ist, das die Entfaltung der Frau, die Erprobung ihrer Begabungen, ihre Bewegungsfreiheit und ihre Entwicklung verhindert hat. Sie verwechseln Empfindsamkeit mit Schwäche; vielleicht, weil dem empfindsamen Mann die Aggressivität des *Macho*-Mannes fehlt (die diesen durchs Geschäftsleben und die Politik auf Kosten von Familie und persönlichen Beziehungen treibt).
Ich bin einem jungen Mann begegnet, der – obwohl durch Erbschaft Leiter eines Betriebes – von seiner Frau nicht verlangte, der Firma zu dienen, Leute einzuladen, die sie nicht mochte, sich um seine beruflichen Beziehungen zu kümmern. Sie war frei, ihren eigenen Interessen nachzugehen, die der Psychologie und der Ausbildung von Sozialfürsorgern galten. Sie befürchtete, daß die zwei verschiedenen Freundeskreise – seine Geschäftspartner und ihre Psychologen – sie zu völlig getrennten Leben führen und einander entfremden würden. Sie brauchte eine ganze Weile, um zu merken, daß ihre psychologischen Erfahrungen seinen Interessen auf ganz andere Art dienlich waren. Er lernte diejenigen, die für ihn arbeiteten, humaner zu behandeln. Als ein Angestellter ertappt wurde, wie er anderen Angestellten firmeneigenes Benzin tankte, rief er ihn zu sich und fragte ihn nach seiner Lebensgeschichte. Er fand das Motiv für den Betrug heraus (hohe Krankenhausrechnungen für ein Kind), schuf Abhilfe, statt ihn zu feuern, und gewann von da an einen loyalen Angestellten. Die Interessen des Ehepaares, die zunächst auseinanderzustreben schienen, hingen nunmehr zusammen.
Ein anderes Paar beschloß, daß – da beide Schriftsteller waren – der eine ein Jahr lang unterrichten und dem anderen die Möglichkeit geben würde, zu schreiben, und daß der andere dafür im nächsten Jahr den Unterricht übernehmen würde. Der Mann war ein schon recht bekannter Schriftsteller. Die Frau hingegen hatte nur Gedichte in Zeitschriften veröffentlicht, aber sie bereitete ein literaturhistorisches Werk vor. Sie war an der Reihe zu unterrichten. Er sah sich als Ehemann eines Mitglieds des Lehrerkollegiums behandelt und wurde auf Parties gefragt: »Schreiben Sie etwa auch?« Die Situation hätte zu Spannungen führen können. Die Frau half dem ab, indem sie eine Besprechung des letzten Romans ihres Mannes in der

Schulzeitung nachdrucken ließ, die sein Ansehen wiederherstellte.
Junge Frauen engagieren sich heute in politischen Aktivitäten, wenn junge Männer sich davon desillusioniert zurückziehen. Und die neue Frau gewinnt neue Schlachten. Die Tatsache, daß gewisse Gesetze geändert wurden, flößte dem neuen Mann neues Vertrauen ein. Frauen in der Politik sind noch immer auf der Stufe von David und Goliath. Sie glauben an die Wirkung eines einzigen Steins! Ihr Glaube erstarkt, wenn sie und ihre Männer »die gleiche Wellenlänge« haben, wie sie es nennen.
Die alte Situation des Mannes, der von seiner Arbeit besessen ist, dessen Leben vom Streß verkürzt wird und mit der Pensionierung endet, wurde von einer jungen Frau umgekrempelt, die das Hobby ihres Ehepartners – das Malen – ermutigte, so daß er früh in Pension ging, um Kunst und Reisen zu genießen.
In diesen Situationen zeigt sich eher die Kunst der Koordination als die unreife Betonung unversöhnlicher Unterschiede. Mit der Reife kommt die Erkenntnis, daß alle Aktivitäten untereinander zusammenhängen und sich gegenseitig nähren.
Eine andere Quelle der Verwirrung für die neue Frau ist der Umstand, daß viele neue Männer die alten Ambitionen nicht mehr haben. Sie wollen ihr Leben nicht damit verbringen, einem Vermögen nachzujagen. Sie wollen reisen, solange sie jung sind, in der Gegenwart leben. Ich traf sie beim Autostopp in Griechenland, Spanien, Italien, Frankreich. Sie lebten völlig in der Gegenwart und nahmen die Härten um der momentanen Abenteuer willen gerne in Kauf. Eine junge Frau fühlte sich den Schwierigkeiten physisch nicht gewachsen und trug eine Menge Vitamine in ihrem einzigen Gepäckstück mit sich. Sie sagte mir: »Zuerst machte er sich lustig über mich, aber dann begriff er, daß ich nicht sicher war, ob ich die Reise physisch durchstehen würde, und dann wurde er so beschützend wie nur möglich. Wenn ich einen konventionellen Mann geheiratet hätte, so hätte sein Begriff von Beschützung darin bestanden, mich zu Hause zu lassen. Ich hätte alle diese Wunder nicht genießen können, die ich mit David entdeckt habe, der meine Kraft herausforderte und mich dadurch nur stärker machte.«
Keiner von ihnen dachte daran, den Traum vom Reisen aufzugeben, solange sie jung waren.
Eine der häufigsten Fragen, die mir junge Frauen stellen, ist:

Wie kann eine Frau ein eigenes Leben, eine eigene Atmosphäre aufbauen, wenn der Beruf ihres Mannes ihre Lebensweise bestimmt? Ist er Arzt, Anwalt, Psychologe, Lehrer: der Ort, wo sie wohnen, die Ansprüche der Nachbarn, all das prägt das Muster ihres Lebens.

Judy Chicago, die bekannte Malerin und Lehrerin, verfaßte eine Studie über Malerinnen und fand heraus, daß im Gegensatz zu ihren männlichen Kollegen, die alle ihre Ateliers getrennt von ihrem Haus hatten, die Frauen entweder in der Küche oder in einem gerade nicht benutzten Zimmer malten. Aber viele junge Frauen haben Virginia Woolfs *Ein Zimmer für sich allein* wörtlich genommen und Ateliers fern von der Familie gemietet. Ein Paar, das in einem Einzimmer-Bungalow wohnte, stellte ein Zelt auf der Terrasse auf, worin die Frau schreiben konnte. Das Gefühl, »zur Arbeit zu gehen«, der physische Akt der Trennung, der Sinn für den Wert, der der Arbeit durch ihre Absonderung gegeben wird, erwiesen sich als Anreiz und Hilfe. Ein anderes Leben einrichten hieß nicht, sich losreißen oder sich trennen. Es ist verblüffend, daß für die Frau jeder Bruch oder jede Trennung das Odium des Verlusts trägt, als ob die symbolische Nabelschnur immer noch ihr ganzes Seelenleben beeinflussen und jede Handlung eine Bedrohung der Einheit und der Bindungen darstellen würde. Diese Angst ist in den Frauen, nicht in den Männern, aber sie wurde von den Männern gelernt. Die Männer trennten sich – getrieben von ihrem Ehrgeiz – von ihren Familien, waren weniger da für die Kinder, gingen auf beziehungsweise gingen unter in ihrem Beruf. Aber dies geschah den Männern und muß nicht unbedingt den Frauen geschehen. Die ungebrochene Bindung besteht in den Gefühlen. Es kommt nicht auf die Zahl der Stunden an, die mit Mann und Kindern verbracht werden, sondern auf die Qualität und die Vollkommenheit der Anwesenheit. Der Mann ist oft physisch anwesend, aber in Gedanken woanders. Die Frau ist eher fähig, sich von ihrer Arbeit abzuwenden, um einem müden Mann oder dem aufgeschürften Finger eines Kindes volle Aufmerksamkeit zu schenken.

Frauen, die miterlebt haben, wie ihr Vater zur Arbeit »geht«, werden immer Bedenken wegen ihres eigenen »Weggehens« zu Versammlungen, Vorträgen, Vorlesungen und anderen beruflichen Verpflichtungen haben.

Die Kunst des Verbindens und Verknüpfens von unterschiedlichen Interessen wird für die neue Frau und den neuen Mann eine Herausforderung sein. Wenn die Frauen heute keinen nichtexistierenden, mit dem Big Business verheirateten Ehemann mehr haben wollen, so werden sie eine einfachere Lebensart hinnehmen, um sich dafür eines Mannes zu erfreuen, dessen Lebensblut nicht von den großen Gesellschaften ausgesaugt worden ist. Ich sehe, wie die neue Frau viele Luxusgüter abschüttelt. Ich liebe es, sie einfach gekleidet, entspannt, natürlich zu sehen, keine Rollen spielend. Denn die Übergangsphase war das heikle Problem der Frau: Wie sollte sie von einem Zustand der Unterdrückung und des Identitätsverlusts in eine Beziehung treten, wie sollte sie es lernen, aufzugehen ohne Ich-Verlust? Der neue Mann hilft ihr dabei mit seiner Bereitschaft, sich ebenfalls zu ändern: von der Starrheit zur Geschmeidigkeit, von der Verschlossenheit zur Offenheit, von den ungemütlichen Rollen zur Entspannung ohne Rollen.

Einer jungen Frau wurde vorübergehend eine Lehrstelle weg von zu Hause angeboten. Das Paar hatte keine Kinder. Der junge Mann sagte: »Nur zu, wenn es das ist, was du tun möchtest.« Hätte er sich dem Plan, der ihrer Lehrerfahrung zugute kam widersetzt, hätte sie es ihm übelgenommen. Aber weil er sie gehen ließ, bekam sie das Gefühl, daß er sie nicht innig genug liebte, um an ihr festzuhalten. Sie ging fort mit dem Gefühl, verlassen worden zu sein, während er ihren Weggang ebenfalls als ein Imstichlassen empfand. Diese Gefühle lagen unterhalb der Schwelle der bewußten Billigung. Die viermonatige Trennung hätte einen Bruch zur Folge haben können. Aber der Unterschied besteht darin, daß sie bereit waren, über diese Gefühle miteinander zu reden, über deren Zwiespältigkeit und Widersprüche zu lachen.

Falls im Unterbewußtsein immer noch Reaktionen liegen, die wir nicht beherrschen können, so können wir zumindest verhindern, daß sie der gegenwärtigen Situation schaden. Wenn beide Partner unbewußt für die Angst, verlassen zu werden, anfällig waren, so mußten sie einen Weg finden, um sich von einem kindlichen Verhaltensmuster zu lösen. Andernfalls könnte keiner von zu Hause fort – Sklave seiner Kindheitsängste. Indem sie sie jedoch entblößten, waren sie in der Lage, über die Inkonsequenz zu lachen, die darin bestand, daß sie einerseits die Freiheit wollten und andererseits vom Partner wünschten, er möge einen festhalten.

Sehr oft macht die Bekräftigung der Unterschiede durch die aufkommende neue Frau zu sehr den Anschein, es handle sich um Unstimmigkeiten, um mangelnde Übereinstimmung; dabei ist es nur eine Frage, das richtige Verhältnis, die richtige Beziehung zu finden, so wie mir die Beziehung zwischen Kunst und Wissenschaft, Wissenschaft und Psychologie, Religion und Wissenschaft finden. Es sind nicht die Ähnlichkeiten, die die Harmonie bewirken, sondern die Kunst, verschiedenartige Elemente zu vereinigen, die das Leben bereichern. Die berufliche Tätigkeit hat die Tendenz, fast zu viel Konzentration zu verlangen; und das wird zu einer Erlebnisverengung für jeden von uns. Der Zufluß neuer Gedankenströme, die Erweiterung des Interessenhorizonts sind für Mann und Frau gleichermaßen nützlich.

Vielleicht fürchten einige neue Frauen und Männer das Abenteuer und die Änderung. Das Leben von Margaret Mead zeigt, daß sie einen Mann mit derselben leidenschaftlichen Hingabe an die Anthropologie suchte, mit dem Ergebnis, daß ihr Mann die Legenden, die Mythen des Stammes erforschte und ihr das Studium des Kinderkriegens und der Kindererziehung übrigblieb. Gemeinsames Interesse bedeutet also nicht unbedingt Gleichberechtigung.

Jeder von uns trägt in sich den Keim von Ängsten, die aus der Kindheit zurückgeblieben sind, aber die Entschlossenheit, mit anderen in inniger und liebevoller Harmonie zu leben, kann alle Hindernisse überwinden, vorausgesetzt, daß wir gelernt haben, die Unterschiede zu integrieren.

Wenn ich den heutigen jungen Paaren und der Art zuschaue, wie sie mit den neuen Auffassungen und neuen Bewußtseinsinhalten fertig werden, so habe ich das Gefühl, daß wir uns möglicherweise einer humanistischen Epoche nähern, in welcher Unterschiede und Ungleichheiten ohne Krieg gelöst werden könnten.

Yoko Ono schlug die »Feminisierung der Gesellschaft« vor. »Den Einsatz weiblicher Neigungen als eine positive Kraft zur Weltveränderung. Wir neigen mehr zur Evolution als zur Revolution.«

Das Einfühlungsvermögen, das diese neuen Männer der Frau gegenüber zeigen, ist aus der Bejahung ihrer eigenen emotionellen, intuitiven, sinnlichen und humanistischen Auffassung von Beziehungen entstanden. Sie erlauben sich zu weinen

(Männer weinten nie), Verletzbarkeit zu zeigen, ihre Phantasieträume bloßzulegen, ihr Innerstes zu teilen. Einige Frauen sind verblüfft von den neuen Verhältnissen. Sie haben noch nicht erkannt, daß man Einfühlungsvermögen nur hat, wenn man bis zu einem gewissen Grade nachfühlen kann, was der andere fühlt. Das heißt: erwartet man, daß die Frau ihre Kreativität oder ihre Begabungen geltend macht, so muß der Mann seine eigene entschiedene Abneigung gegenüber dem, was in der Vergangenheit von ihm erwartet wurde, ebenfalls geltend machen.

Der neue Typ des jungen Mannes, dem ich begegnet bin, ist außerordentlich geeignet für die neue Frau, aber sie ist noch nicht ganz fähig, seine Zärtlichkeit, seine wachsende Nähe zur Frau, seine Haltung von Gemeinsamkeit statt von Unterscheidung zu schätzen. Leute, die früher einmal unter einer Diktatur gelebt haben, sind oft unfähig, sich selbst zu regieren. Diese Unfähigkeit ist vorübergehend. Sie kann der Beginn eines völlig neuen Lebens und der Freiheit bedeuten. Der Mann ist da. Er ist ein Gleichberechtigter. Er behandelt dich wie eine Gleichberechtigte. In Augenblicken der Unsicherheit kannst du immer noch mit ihm Probleme besprechen, über die du vor zwanzig Jahren nicht hättest sprechen können. Verwechselt nicht, sage ich zu den heutigen Frauen, bitte verwechselt Empfindsamkeit nicht mit Schwäche. Dies war der Fehler, der unserer Kultur beinahe zum Verhängnis wurde. Gewalt wurde mit Macht, Machtmißbrauch mit Stärke verwechselt. Die Unterwerfung ist immer noch gültig in Filmen, im Theater, in den Massenmedien. Ich wollte, daß der Held von *Der letzte Tango in Paris* auf der Stelle stirbt. Er wurde erst am Schluß vernichtet. Es dauerte einen ganzen Film lang! Werden die Frauen auch so lange brauchen, um Sadismus, Arroganz und Tyrannei zu erkennen, die sich so schmerzlich in der Welt draußen, in Krieg und politischer Korruption bemerkbar machen? Wir wollen die neue Herrschaft der Aufrichtigkeit, des Vertrauens, der Vernichtung falscher Rollen in unseren persönlichen Beziehungen beginnen, und sie wird eines Tages sowohl die Weltgeschichte als auch die Entwicklung der Frauen beeinflussen.

Schriftstellerei, Musik und Filme

Der Wille zum Glück

Es gibt Bücher, die wir früh im Leben lesen; sie versinken tief in unser Bewußtsein und scheinen spurlos zu verschwinden. Und eines Tages, wenn wir einmal unser Leben und unsere Einstellung zur Erfahrenswelt zusammenfassend überblicken, erkennen wir, daß ihr Einfluß überwältigend gewesen ist. Ein solches Buch ist *Wahrheit und Wirklichkeit* von Otto Rank, das ich las, als ich Anfang Dreißig war. Der französische Titel lautet *La Volonté du Bonheur* (Der Wille zum Glück). Ich las jedes Wort, und das Buch muß bis in die Tiefen meines Unterbewußtseins eingedrungen sein, wo ich seiner nicht mehr gewahr war. Es war keine intellektuelle Erfahrung für mich, sondern eine zutiefst gefühlsmäßige. Die Bedeutung dieses Buches, seine leitenden Prinzipien, versanken also in meinem Unterbewußten, und ich las es nicht wieder, bis ich es dank Virginia Robinson und Anita Faatz wiederentdeckte und feststellte, daß es mein ganzes Leben als Künstlerin beeinflußt und seine Weisheit bewiesen hatte.

Ich muß mich auf seine Prinzipien gestützt haben. Dr. Rank betonte verschiedene Ziele, und ich werde später darauf hinweisen, wieviel schwieriger sie für eine Frau zu erreichen waren als für einen Mann. Der Verfasser spricht in seinem Buch immer wieder von dem »schöpferischen Willen«. Ich hatte diesen Ausdruck sogar vergessen und verwendete statt dessen meinen eigenen: Eigensinn. Sehr oft sagte ich, ich sei eigensinniger als andere Schriftsteller. Ich gab nicht auf, ich habe nie aufgegeben, aber ich nannte das nicht »schöpferischen Willen«. Dies ist ein schöner Ausdruck.

Manchmal macht sich dieser schöpferische Wille sehr früh im Leben bemerkbar. Mit neun war ich in Gefahr, mein Leben zu verlieren. Ein Arzt stellte eine Fehldiagnose und meinte, ich hätte Hüfttuberkulose und würde nie wieder gehen können. Meine sofortige Reaktion war, Bleistift und Papier zu verlangen und Charakterskizzen meiner ganzen Familie zu entwerfen, Gedichte zu schreiben. Ich setzte auf das Titelblatt dieser Notizen sogar den Zusatz »Mitglied der Französischen Akademie«, was für mich die höchste Ehre war, die einem Schriftsteller erwiesen werden konnte. Das ist eine Trotzhaltung; es ist eigentlich die Weigerung zu verzweifeln, die Weigerung, sich dem menschlichen Los, den menschlichen Sorgen, den menschlichen Grenzen zu beugen. Ein chirurgischer Eingriff in letzter Minute rettete mir das Leben. Aber hierin lag der Ursprung meines Schreibens: in der dramatischen Lösung, die der Künstler für die Hindernisse des Lebens findet. Ich habe mein ganzes Leben lang viel über den Künstler gesagt und geschrieben. Man hat das oft als einen Kult mißverstanden, der Nicht-Künstler und unschöpferische Menschen ausschließt, doch das war nicht so. Ich habe auch Nicht-Künstler gern; für mich ist der Künstler einfach jemand, der kraft seiner Kunst das gewöhnliche Leben in eine schöne Schöpfung verwandeln kann. Aber ich bezog »Schöpfung« nicht ausschließlich auf die Künste, sondern ich meinte jede Schöpfung im Leben: die Schöpfung eines Kindes, eines Gartens, eines Hauses, eines Kleides. Ich bezog mich auf schöpferische Tätigkeiten in allen ihren Ausprägungen; nicht nur auf die eigentlichen Kunsterzeugnisse, sondern auch auf die Fähigkeit zu heilen, zu trösten, das Lebensniveau zu erhöhen, das Leben durch unsere eigenen Leistungen zu verwandeln. Ich sprach von dem schöpferischen Willen, den Dr. Rank als Rettung vor der Neurose begriff. Als ich zu ihm ging (ich war etwa achtundzwanzig), war ich bedrückt und recht eigentlich die Gefangene meiner menschlichen Bindungen, des menschlichen Seins, wie es ganz besonders für die Frau gilt, die zu Hingabe, Dienst und Loyalität zu ihrer Privatwelt erzogen wird. Am Anfang hatte ich mit den üblichen Hindernissen zu kämpfen, die ich mit so vielen teile: das zerrüttete Zuhause, die Verpflanzung in ein fremdes Land, dessen Sprache ich nicht kannte. Alles trug dazu bei, aus mir ein entfremdetes Kind zu machen. Ich fand es außerordentlich schwierig, in den Strom des Lebens zu treten, schwierig und schmerzlich wegen des steten zweifachen Kampfes, den Dr. Rank in *Wahrheit und Wirklichkeit* beschreibt: wegen des Konfliktes zwischen dem Anderssein und dem Wunsch, seinen Mitmenschen nahe zu sein. Ich fühlte, daß ich anders war, aber ich sehnte mich nach Freundschaft und Liebe. Das Ringen darum, mein Anderssein zu bewahren, wurde durch kulturelle Gegensätze, durch die Entwurzelung und durch das Sprachproblem noch verstärkt. Ich hielt an den Werten fest, die mir beigebracht worden waren, aber ich wollte auch in die gewählte

Kultur aufgenommen werden. Schließlich lernte ich die Sprache und verliebte mich recht eigentlich ins Englische. Aber die zwei Kulturen – zwei Kulturen, die schiere Gegensätze sind: die europäische und die amerikanische – wirkten gegen meinen Sinn für ein einheitliches Ganzes.
Als ich zu Dr. Rank ging, merkte er sofort, wie ernst es mir mit meinem Sein als Schriftstellerin war: statt die unmittelbaren Probleme anzugehen, die Schwierigkeiten in meinen Beziehungen, den Konflikt der Kulturen, den Gegensatz in mir zwischen Roman- und Tagebuchautorin, zwischen der Frau und der Schriftstellerin, konzentrierte er sich auf das stärkste Element in meinem gespaltenen und chaotischen Wesen. Welch auflösenden Einflüssen ich auch immer ausgesetzt war – das Schreiben stellte die Einheit wieder her. Rank wandte ganz einfach seine eigene Philosophie an, die darin bestand, das Negative, das wir normalerweise zum Therapeuten mitnehmen, außer acht zu lassen und sich auf das positivste Element in meinem Wesen zu konzentrieren: auf mein hartnäckiges Interesse fürs Schreiben. Ich war erstaunt, daß er nicht auf die menschlichen Probleme einging. Ich begriff erst später, was für ein Geniestreich das war. Zuerst verlangte er, daß ich ihm mein Tagebuch aufs Pult legte, mit anderen Worten: daß ich es als Versteck, als den Ort von Geheimnissen und einem gesonderten Dasein aufgab. So teilte ich denn alles mit ihm. Ich erkannte später, daß er das ganze Problem des menschlichen Lebens auf das Problem des schöpferischen Willens verlagert hatte und daß er diesem schöpferischen Willen die Fähigkeit zutraute, seine eigenen Lösungen zu finden. Er forderte meinen schöpferischen Willen heraus, und als ich diesen gestärkt hatte, fing ich an, mein Privatleben zu ändern. Die Änderung kam von innen; sie war eine Kraft, die Konflikte und Zwiespälte lösen konnte. Darum messe ich dem Künstler so große Bedeutung bei: weil er diese Kraft von Anfang an besitzt. Selbst in den dunkelsten Zeiten der Sozialgeschichte könnten *äußere* Ereignisse geändert werden, wenn wir ein *inneres* Zentrum hätten. Nur in der privaten Welt können wir die Alchemie erlernen, die das Häßliche, das Grauenvolle, die Schrecken des Krieges, die Bosheit und die Grausamkeit des Menschen in eine neue Art Mensch verwandelt. Ich meine damit nicht, daß man sich abwenden oder daß man flüchten soll. Wir können uns nicht vor der Sozialgeschichte drücken, weil es nötig ist, daß wir

unsere Verantwortung für die Gesellschaft aufrechterhalten, aber wir müssen ein Zentrum der Stärke und der Widerstandsfähigkeit gegenüber Enttäuschungen und Mißerfolgen von außen schaffen. Heute setze ich mich für Anliegen ein, die ich für wichtig erachte, aber das gehört in die Welt der Tat, während die Welt, aus der wir unsere Weisheit, unsere Gedankenklarheit, unsere Kraft zum Handeln, unseren Mut beziehen, jene andere Welt ist, die nicht Flucht bedeutet, sondern ein Laboratorium der Seele ist. Es lag Dr. Rank daran, daß wir diese innere Welt aufbauen. Dazu mußte er uns zuerst von dem anerzogenen Schuldgefühl gegenüber individuellem Wachstum befreien. In *Wahrheit und Wirklichkeit* sagt er deutlich, daß uns unsere Kultur das Gefühl gibt, das aktive Individuum gefährde tatsächlich das Wachstum seiner Mitmenschen. Ich hatte dieses Problem wie so viele Studentinnen heute. Als ich vom individuellen Wachstum als einem Beitrag zur Gemeinschaft sprach, glaubte man, ich wollte mich abwenden und mich in den Elfenbeinturm flüchten. Für mich hingegen war das der Ort, wo ich schwierigste geistige Arbeit verrichtete, wo ich mich übte, psychologischen Hindernissen entgegenzutreten, um in der Lage zu sein, ohne Verzweiflung und ohne Glaubensverlust in dieser Welt zu leben. Es war der Ort, an dem ich wieder zusammensetzte, was die äußere Welt auseinandergenommen hatte: Weil es ebenso wichtig ist, *außerhalb* der Geschichte als *in* ihr zu leben. Weil die Geschichte nur eine Ansammlung von persönlichen Feindseligkeiten, persönlichen Vorurteilen, von persönlicher Blindheit und Irrationalität ist, gibt es Zeiten, da wir gegen sie leben müssen. Unsere amerikanische Kultur erhob es zur Tugend, bloß als Extrovertierte zu leben. Wir mißbilligten die Reise nach innen, die Suche nach einem Zentrum, und so verloren wir unsere Mitte und mußten sie wiederfinden.

Jemand fragte mich neulich: »Werden wir je die Zeit erleben, da wir keine Therapie mehr brauchen?« Ich antwortete: »Nicht bevor wir aufhören, Probleme zu haben nur weil uns ein Zentrum fehlt.« Dr. Rank sprach darüber und erwähnte, daß ein Schuldgefühl jeden Willensakt begleitet – sei es der Akt des schöpferischen Willens oder die Behauptung unseres persönlichen Willens. Er kannte das Ausmaß unseres Schuldgefühls. Der Künstler kennt es. Es wurde sehr oft in der Lebensgeschichte von Künstlern nachgewiesen. Sie hatten oft das

Bedürfnis, ihr Werk, ihre ausschließliche Beschäftigung mit ihm und sogar ihre Besessenheit zu rechtfertigen. In der Frau sitzt dieses Problem noch viel tiefer, weil das Schuldgefühl, das die Frau quält, größer ist als das des Mannes. Vom Mann erwartet man, daß er Erfolg habe. Man erwartet von ihm, daß er der beste Arzt, der beste Rechtsanwalt, der beste Lehrer usw. werde. Was immer er auch tut – es wird von der Gesellschaft erwartet, und er ist frei von Schuldgefühlen, wenn er etwas vollbringt. Die Frau hingegen wurde dazu trainiert, ihren persönlichen Bindungen Vorrang zu geben (dem Heim und den Kindern und dem Gatten oder der Familie), sie wurde mit Pflichten belastet, die ihre ganze Energie aufzehrten, und selbst die Vorstellung von Liebe war mit der Vorstellung von Fürsorge und Pflege verbunden – sei es physisch oder symbolisch. Wenn sie die Stunden der Hingabe kürzte und ihre Energie anderen Interessen zuwandte, hatte sie ein doppeltes Schuldgefühl. Einerseits wurde ihr zu verstehen gegeben, daß sie ihre persönliche Verantwortung vernachlässige, andererseits merkte sie, daß unsere Kultur ihre anderen Leistungen stark unterschätzte. Das Schuldgefühl sitzt also viel tiefer in der Frau und wird in vielen Fällen zur Wurzel ihrer Neurose oder ihres pathologischen Verhaltens.

Es gibt aber noch ein weiteres Schuldgefühl, das Frauen eigen ist. Unsere Kultur betont die Gegnerschaft, den Wettbewerb als legitime Motivationen. Aber jede Leistung, die eine Frau erzielte, wurde als wettkämpferisch angesehen, auch wenn sie nicht dem Konkurrenzdenken entsprang. In früheren Jahren, als ich eine junge Frau war, erklärte ich, ich wäre lieber die Frau eines Künstlers als selbst Künstlerin. Auf diese Weise wollte ich nur den Konflikt vermeiden. Ich wollte stellvertretend durch den Mann leben und alles sein, was der Künstler brauchte: Muse, Assistentin, die beschützende, pflegende Mutter. In meinen Zwanzigerjahren schien mir diese Rolle bequemer. Erst als ich Dr. Rank traf, begriff ich, daß ich mein eigenes Werk zu vollbringen hatte. Wenn wir aus zweiter Hand, stellvertretend leben, erwarten wir, daß der Partner unser Werk vollbringt, und sind dann enttäuscht, wenn er sein eigenes, das von unseren Wünschen abweicht, schafft. Aber bevor ich Dr. Rank traf, stellte ich mir das Wachstum als einen großen Baum vor, der andere Bäume in den Schatten stellt und der ihre Blüte gefährdet, indem er ihnen alles Licht wegnimmt.

Ich wollte zwar wachsen, aber ich wollte dadurch das Wachstum der anderen nicht beeinträchtigen. Ich muß mir das Wachstum als eine Art Mammutbaum vorgestellt haben. Ich habe noch nie von einem männlichen Künstler gehört, der sich Gedanken darüber gemacht hätte, wie sich sein Wachstum auf seine Familie auswirke. Wir nehmen es hin, daß sein Werk jedes Opfer rechtfertigt. Aber einer Frau genügt das als Rechtfertigung nicht.
Als Frau war ich mir völlig bewußt, daß meine persönliche Welt die Quelle meiner Kraft und meiner psychischen Energie ist. Die Schöpfung einer vollkommenen persönlichen Welt war die Wurzel meiner Eingebung. Die Frau ist daher daran interessiert, dieses Zentrum, dessen Wert sie kennt, nicht zu verlieren. Genauso wie der Tiefseetaucher einen Sauerstoffbehälter trägt, müssen wir den Kern unseres individuellen Wachstums mit in die Welt hineintragen, um dem Druck, dem niederschmetternden Druck der Erfahrungen in der Außenwelt widerstehen zu können. Aber ich habe die gegenseitige Abhängigkeit dieser Erfahrungen nie aus den Augen verloren, und nun finde ich bei Dr. Rank die folgende Äußerung: »Was immer wir im Innern erreichen, wird unsere äußere Wirklichkeit verändern.«
Ich verbrachte viele Jahre damit, was nach den Normen der amerikanischen Kultur als egozentrische, introspektive und subjektive, als eigennützige Arbeit definiert wird. Ich führte ein Tagebuch, das mich in Kontakt mit meinem innersten Ich hielt, das mein Wachstum und die Unterbrüche in diesem Wachstum ebenso widerspiegelte, wie es mich auf das Wachstum der Leute um mich herum aufmerksam machte. Ich blieb während vieler Jahre vom Therapeuten abhängig, weil er mich von meinem kulturellen Schuldgefühl befreite und mich in neue Entwicklungszyklen versetzte. Jeder einzelne Zyklus war ein Drama für sich. Der erste betraf meine Beziehung zum fehlenden Vater, der zweite die Beziehung zur Mutter, von der ich die Vorstellung vom weiblichen Dienen übernommen hatte; der dritte brachte die Behauptung meines eigenen schöpferischen Willens. Eine letzte aufbauende Psychoanalyse durch eine Frau führte schließlich die Harmonie aller Teile meines Wesens herbei. Aber erst als die Tagebücher veröffentlicht wurden und ihre Nützlichkeit für andere feststand, wurde ich völlig frei von allen Schuldgefühlen. Was wiederum Dr.

Ranks Behauptung belegt, daß alles, was wir erreichen, letztlich unser Beitrag an die Gemeinschaft und deren Leben ist. Dr. Rank argwöhnte – wie ich –, daß Gruppenaktivitäten unseren Willen schwächen. Sie mögen ein Trost in der Einsamkeit sein, aber sie fördern den individuellen schöpferischen Willen nicht. Es ist daher nötig, diesen zuerst zu orten, bevor wir uns in Gruppenaktivitäten engagieren. Dr. Rank hielt diesen schöpferischen Willen für die höchste Leistung, weil er jeder Art von Gehirnwäsche widerstehen kann. Ich habe so häufig in Frauengruppen einzelne Frauen beobachtet, die in die Gruppe bloß ihre persönlichen Probleme hineintrugen, neurotische Probleme, die eigentlich in eine Therapie gehörten, da die Gruppe nicht darauf vorbereitet ist, solche Probleme zu lösen. Wir sollten nicht ein unfertiges, gequältes, chaotisches, verwirrtes, krankes oder verwundetes Ich in die Gemeinschaft einbringen.

Und jetzt freue ich mich auf ein Gespräch mit Ihnen. Ich würde gerne wissen, ob Sie Fragen an mich haben oder ob Sie mir etwas im Zusammenhang mit dem schöpferischen Willen erzählen möchten, der Dr. Ranks größter Beitrag zur Psychologie der Frau ist.

F. Was kann Ihrer Meinung nach die Gruppe für uns leisten?

A. N. Wenn Sie eine klare Vorstellung von Ihrem Problem haben, so kann Ihnen die Gruppe bei der Lösung behilflich sein, aber wir haben nicht immer eine klare Vorstellung von dem, was uns beunruhigt. Die Gruppe kann erreichen, daß sich Frauen weniger einsam fühlen und daß sie erkennen, daß viele andere ähnliche Probleme haben. Die Kraft, die sie einem gibt, ist dieselbe, die eine feste Freundschaft geben kann, aber ich glaube nicht, daß die Gruppe Selbstbewußtsein oder Kraft in bleibender Form verleiht.

F. Würden Sie sich kurz über die zeitgenössischen Schriftstellerinnen äußern? Ich kann nur gerade an zwei denken: Joan Didion und Silvia Plath. Ich habe Besprechungen ihrer Bücher gelesen, und darauf zögerte ich zu lesen, was sie schrieben.

A. N. Wahrscheinlich geht es Ihnen genauso wie mir, und Sie finden Schriftsteller, die nur über Verzweiflung, Hoffnungslosigkeit und Zerstörung schreiben, wenig anziehend. Ich rede nicht vom literarischen Wert. Das ist der Grund, warum mich das Buch von Simone de Beauvoir über das Alter nicht anmachte. Ich hatte das Gefühl, daß sie das chronologische Alter hineingenommen hatte, wo es doch keine Verallgemeinerungen übers Alter gibt. Auch das Alter ist etwas Psychisches. Gewisse Leute lesen, um ihre eigene Hoffnungslosigkeit bestätigt zu bekommen. Andere wiederum lesen, um davor gerettet zu werden.

F. Würden Sie sich weiter über die lebensrettende Kraft und den Erneuerungsprozeß im Elfenbeinturm äußern?

A. N. Die eine Antwort darauf gibt Otto Ranks *Wahrheit und Wirklichkeit.* Das ist der Prozeß, durch den wir uns selbst erschaffen. Die andere Antwort liegt in der Therapie. Die Therapie ist nicht nur eine Heilung von der Neurose. Sie ist eine Unterweisung darin, wie wir wachsen, wie wir die Hindernisse, die sich unserem Wachstum entgegenstellen, überwinden sollen. Erfahrungen haben die Eigenschaft, uns zu entfremden. Zur Verteidigung ziehen wir uns in uns selbst zurück. Um uns vor Schmerz zu schützen, stumpfen wir unsere Reaktionen ab. Die Psychologie beseitigt die Narben, die Ängste, die Verhärtungen, die uns daran hindern, uns zu entwickeln. Sie ist ein Wiederbelebungsprozeß.

Die Geschichte meiner Druckerpresse

Zwei meiner Bücher, *Winter of Artifice* und *Under a Glass Bell* (Unter einer Glasglocke, München 1979), wurden in den vierziger Jahren von amerikanischen Verlegern zurückgewiesen. *Winter of Artifice* war bereits in Frankreich auf Englisch erschienen, und Rebecca West, Henry Miller, Lawrence Durrell, Kay Boyle und Stuart Gilbert hatten es gelobt. Beide Bücher galten indessen als unrentabel. Ich möchte den Schriftstellern klarmachen, wie sie sich gegenüber solchen Urteilen von profitorientierten Verlegern zu verhalten haben, und ihnen eine Lösung anbieten, die heute noch wirksam ist. Ich denke dabei an Schriftsteller, deren Wirkung – wie die der Wissenschaftler – keinen unmittelbaren Gewinn hervorbringt.

Ich nahm das Urteil nicht hin und beschloß, meine Bücher selbst zu drucken. Ich kaufte eine gebrauchte Druckerpresse für

75 Dollar. Sie hatte Fußantrieb wie die alten Nähmaschinen, und man mußte ganz fest treten, um genügend Kraft für die Raddrehung zu erzeugen.
Frances Steloff, die Besitzerin des Gotham Book Mart in New York, lieh mir 100 Dollar für das Unternehmen, und Thurema Sokol lieh mir weitere 100. Ich kaufte Bleilettern für 100 Dollar, benutzte Apfelsinenkisten als Regale und kaufte Papierreste, was ungefähr so ist, als kaufe man Stoffreste, um ein Kleid anzufertigen. Das Papier war zum Teil recht schön – übriggeblieben von Luxusausgaben. Ein Freund, Gonzalo More, half mir. Er hatte ein Talent dafür, Bücher zu gestalten. Ich lernte, die Lettern zu setzen, und er betrieb die Maschine. Wir erlernten das Druckerhandwerk aus Büchern, die wir aus den Bibliotheken holten, was zu komischen Vorfällen Anlaß gab. Das Lehrbuch sagte zum Beispiel: »Ölen Sie die Walzen«, und wir ölten die ganzen Walzen mitsamt dem Gummiteil und wunderten uns anschließend, warum wir eine ganze Woche lang nicht drucken konnten.
James Cooney von der Zeitschrift *Phoenix* gab uns hilfreiche technische Ratschläge. Unsere Unkenntnis des gedruckten Englisch führte ferner zu solchen Fehlern wie meiner – jetzt berühmten – Worttrennung *lo–ve* in *Winter of Artifice*. Aber wichtiger als alles andere war für mich dies: jeden Buchstaben von Hand zu setzen, lehrte mich die Ökonomie des Stils. Nachdem ich einen ganzen Tag eine einzige Seite setzen mußte, lernte ich, die überflüssigen Wörter im Text auszumachen. Am Ende einer jeden Zeile fragte ich mich: »Ist dieses Wort, dieser Ausdruck unbedingt notwendig?«
Es ist eine harte, Geduld erheischende Arbeit, Prosa zu setzen, den Satz jeder Seite zu fixieren, das schwere Satzschiff zur Maschine zu tragen, die Maschine, die von Hand eingefärbt werden mußte, zu bedienen, die Kupferplatten (für die Illustrationen) auf zentimeterdicke Holzfüße zu montieren, um sie zu drucken. Kupferplatten drucken hieß, jede Platte einzeln einzufärben, sie nach jedem Druckgang zu reinigen und dann das Verfahren von vorne zu beginnen. Ich brauchte Monate, um *Under a Glass Bell* und *Winter of Artifice* zu setzen. Und dann mußten die gedruckten Seiten zwischen Löscher gelegt, später zerschnitten, gefalzt und für den Buchbinder zu Bogen zusammengetragen werden. Dann mußten die Lettern wieder in den Setzkasten abgelegt werden.

Wir hatten Schwierigkeiten, einen Buchbinder zu finden, der bereit war, so kleine Auflagen zu übernehmen und die unkonventionelle Aufmachung der Bücher zu akzeptieren.
Frances Steloff fand sich bereit, sie zu vertreiben, und gab eine Autogramm-Party für mich im Gotham Book Mart. Die fertigen Bücher waren schön, und heute sind sie zu echten Sammelobjekten geworden.
Der Erstdruck von *Winter of Artifice* erschien in dreihundert Exemplaren, und ein Verleger, den ich auf einer Party traf, rief aus: »Ich weiß nicht, wie Sie es fertigbrachten, mit einer Auflage von nur dreihundert Stück berühmt zu werden!«
Frances Steloff schickte *Under a Glass Bell* an Edmund Wilson. Er besprach es wohlwollend im *New Yorker*, und sofort waren alle Verleger bereit, beide Bücher in marktgerechten Ausgaben nachzudrucken.
Wir brauchten das Wort »Untergrund« damals nicht, aber diese winzige Presse und die mündliche Reklame machten es möglich, daß meine Schriften entdeckt wurden. Das einzige Hindernis war, daß die Zeitungen und Zeitschriften die Bücher kleiner Druckereien nicht beachteten und es daher beinahe unmöglich war, sie besprochen zu sehen. Edmund Wilsons Rezension war da eine Ausnahme. Sie lancierte mich. Ich bin ihm dafür dankbar und bedauere nur, daß sich seine Zustimmung nicht auch auf mein übriges Werk erstreckte.
Ich mußte beide Bücher mit einem Darlehen des Rechtsanwalts Samuel Goldberg nachdrucken.
Jemand hatte die Idee, daß ich die Geschichte der Druckerpresse an *Reader's Digest* schicken sollte. Die Reaktion von *Digest* war, daß die Bücher – da ich sie selbst drucken mußte – schlecht sein müßten. Viele Leute glauben das immer noch, und während vieler Jahre argwöhnte man, daß meine Schwierigkeiten mit Verlegern auf die zweifelhafte Qualität meiner Bücher zurückzuführen seien. Ein Jahr vor der Veröffentlichung der *Tagebücher* schrieb ein Student aus Harvard im *Harvard Advocate*, daß das Schweigen der Kritiker und die Gleichgültigkeit der professionellen Verleger ein unmißverständliches Zeichen für die Mängel meiner Werke sei.
Eine Auflage von 300 Exemplaren von *Winter of Artifice* mitsamt den Unkosten für Presse, Bleilettern und den Buchbinder kam auf 400 Dollar. Die Bücher wurden für drei Dollar pro Band verkauft. Ich veröffentlichte Ankündigungen und

schickte Rundschreiben an Freunde und Bekannte. Die gesamte Auflage beider Bücher wurde verkauft.
Aber die physische Anstrengung war so überwältigend, daß sie mich am Schreiben hinderte. Dies ist der einzige Grund, warum ich das Angebot eines professionellen Verlegers annahm und meine Druckerpresse aufgab. Sonst hätte ich meine eigene Presse gern weiter betrieben und sowohl den Inhalt als auch die Gestaltung der Bücher überwacht.
Ich bedauerte, die Presse aufzugeben, weil mit den professionellen Verlegern auch meine Schwierigkeiten begannen. Damals wie heute wollen sie schnelle und große Umsätze. Dieses Spiel um schnelle Umsätze hat überhaupt nichts mit den innersten Bedürfnissen des Publikums zu tun, noch kann die Annahme eines Buches durch einen Verleger als repräsentativ für den Geschmack der Leser gelten. Alles beginnt damit, daß der Verleger an ein Buch glaubt und seine Wahl durch Werbung, die sich als literarisches Urteil gibt, zu unterstützen sucht. So werden Bücher dem Publikum wie jedes andere Industrieerzeugnis aufgezwungen. In meinem Fall war die Haltung der Verleger eindeutig unlogisch. Sie sahen mich als Prestige-Autorin an, aber eine Prestige-Autorin gilt nicht viel in der Werbung, und der Absatz war daher bescheiden. 5 000 Exemplare des kommerziell veröffentlichten Buches *Ladders to Fire* waren nicht genug.
Es ist unmöglich, die allgemeine Qualität guter Literatur, die Verleger zu erkennen behaupten, zu definieren. Meine Bücher, denen diese Qualität scheinbar fehlte, wurden trotzdem von Leuten jeglicher Art gekauft und gelesen.
Anstatt über den Widerstand der Verleger verbittert zu sein, bin ich heute im Gegenteil froh darüber, daß sie mir entgegentraten, da mir die Druckerpresse Unabhängigkeit und Selbstvertrauen schenkte. Ich fühlte mich in direktem Kontakt mit meinem Publikum, und das genügte, um mir in den darauffolgenden Jahren Kraft zu geben. Meine früheren Beziehungen mit den professionellen Verlegern gingen katastrophal zu Ende. Sie waren mit dem unmittelbaren Absatz nicht zufrieden, und weder die Verleger noch die Buchhändler waren an Absätzen, die sich in die Länge zogen, interessiert. Zum Glück aber fand ich in Alan Swallow in Denver, Colorado, einen aus eigener Kraft aufgestiegenen, unabhängigen Verleger, der mit einer Druckerpresse in seiner Garage angefangen hatte. Er

adoptierte seine »herrenlosen Schriftsteller«, wie er sie nannte. Er druckte alle meine Bücher und begnügte sich damit, seinen Lebensunterhalt zu verdienen; unser gemeinsamer Kampf schuf eine starke Bindung. Er hatte dieselben Schwierigkeiten mit dem Vertrieb und Besprechungen wie ich, und wir halfen einander. Er lebte lange genug, um meinen beginnenden Ruhm noch zu erleben (den Erfolg der *Tagebücher*), und um zu sehen, daß die Bücher, die er am Leben hielt, an den Universitäten gelehrt wurden. Ich erzähle seine Geschichte im sechsten Band der *Tagebücher*.

Was diese Geschichte sagen will, ist, daß die kommerziellen Verlagshäuser (die große körperschaftliche Unternehmen sind) forschende und experimentierende Autoren unterstützen müßten – genauso wie die Industrie die Forscher unterstützt – und nicht riesige, sofortige Gewinne von ihnen erwarten sollten. Denn sie verkünden neue Haltungen, neue Bewußtseinsinhalte, neue Entwicklungen im Geschmack und im Denken der Leute. Sie sind die Forscher, die die Industrie in Gang halten. Mein Werk ist heute im Einklang mit den neuen Werten, dem neuen Suchen und Denken der Jungen. Diesen Einklang hätte niemand voraussehen können, der nicht offen für Neuerungen und Pioniertaten geblieben wäre.

Der Romanschriftsteller auf der Bühne

Das gesamte dramatische Werk von D. H. Lawrence, acht abendfüllende Stücke und zwei Fragmente, die von 1909 an zu verschiedenen Zeitpunkten seiner literarischen Laufbahn geschrieben wurden, ist nun in einem einzigen Band veröffentlicht worden. Obwohl dem Buch seltsamerweise jeglicher einführende Kommentar fehlt und obwohl Lawrence nicht gerade für seine Bühnenkunst bekannt ist (nur wenige Stücke sind je aufgeführt worden), ist die Sammlung von Interesse, weil sie Licht auf Lawrences Bemühungen wirft, seine Ideen in einem anderen Medium auszudrücken.

Die Stücke werden jenen gefallen, die verwirrt sind von Lawrences gewagtem und einzigartigem Versuch, die Oberfläche des Naturalismus in seinen Romanen aufzubrechen, eine Möglichkeit zu finden, um Gefühle, Instinkte, Intuitionen zu

befreien, um eine besondere Sprache der Sinne zu finden. Denn die dramatische Form, die dem lyrischen Ausdruck enge Grenzen auferlegt, scheint sich für Lawrences Zwecke wenig zu eignen.
Lawrence nimmt in seinen Stücken, die von der Situationskomödie bis zum realistischen Drama reichen, Rücksicht auf die Notwendigkeit von Handlung und Dialog und bleibt so dem, was an der Oberfläche erscheint und unmittelbar zum Ausdruck kommt, treu. Es fehlt aber eine tiefgründige Untersuchung von Motivationen und emotionaler Ambivalenz. Diese Stücke – direkt, einfach, nahezu klassisch und frei von Zusätzen, wie sie sind – erinnern an die vollkommene Vortäuschung von Wirklichkeit, die das Moskauer Künstlertheater auf der Bühne erreicht. Lawrence bemüht sich nicht um dramatische Lösungen und um Spannung; er begnügt sich damit, ein lebengetreues Abbild von Augenblicken zu zeigen. Er versucht nicht, mit den Theaterkonventionen zu brechen, wie er das mit jenen des Romans tat.
Seine Lieblinsthemen gleichen denen seiner Romane und sind von äußerster Schlichtheit. Seine Treue zum Dialog des alltäglichen Lebens ist gelegentlich übertrieben wie in *The Daughter-in-Law* (Die Schwiegertochter), wo er den gesprochenen Dialekt mit einer kurzschriftartigen Umgangssprache vertauscht, die für mich beinahe unlesbar ist. Er hält die Atmosphäre der Armut fest. Er ist an den einfachen Mustern des Alltags interessiert, die die Gefühlsausbrüche im Zaum halten. Er verleiht diesen Mustern rituelle Bedeutung, die Gemütszustände zum Ausdruck bringt. Das Auftragen einer Mahlzeit, ja gerade die Beschreibung der Gerichte, des Waschens, Bügelns, des Faltens der Bettlaken, des Brotbackens, Bettenmachens, des Anzündens von Lampen oder Kerzen – das alles sind die Anker und die Wurzeln, die die Gefühlsexplosionen verhindern.
Die lyrischen Momente seiner Stücke sind feinfühlig und schmucklos. In *The Widowing of Mrs. Holroyd* (Das Witwewerden der Frau Holroyd) bekommt Frau Holroyd, während ihr Mann in der Kneipe trinkt, Besuch von Blackmore, dem Elektriker, der in einer Mine arbeitet und von sich selber als von einem »Gentleman« spricht (»unsere Arbeit ist die eines Gentlemans«).

Sie legt ihre beiden Handflächen auf den Tisch und lehnt sich zurück. Er rückt zu ihr und senkt den Kopf.

BLACKMORE Schau! *Er hat seine Hand neben ihre auf den Tisch gelegt.*

MRS. HOLROYD Ja, ich weiß, du hast hübsche Hände – aber du mußt dir nichts darauf einbilden.

BLACKMORE Nein – es ist nicht das – aber scheinen sie nicht – *Er blickt sie flüchtig an; sie neigt den Kopf zur Seite; er lacht nervös* – sie passen irgendwie gut zusammen. *Er lacht wieder.*

MRS. HOLROYD Ja, eigentlich –

Das ist der zentrale Augenblick des Stücks, denn die Zuneigung, die diese stille Szene dramatisiert, ist vorbereitet worden und hat Folgen. Blackmore merkt, daß Frau Holroyd unter der Trunksucht ihres Mannes leidet, daß dieser die Familie brutal behandelt, wenn er von seinen Zechereien heimkommt und daß er sie gedemütigt hat, indem er Dirnen mit nach Hause gebracht hat. Frau Holroyd hat ihn schon totgewünscht, um frei von ihm zu sein. Sie gesteht es Blackmore ein. Als aber ihr Mann bei einem Grubenunglück ums Leben kommt, ist sie bestürzt. Sie hat das Gefühl, daß ihr Wunsch es war, was seinen Tod verursachte. Verzweifelt sagt sie: »Ich habe dich nie genug geliebt.«

In *The Married Man* (Der verheiratete Mann) versucht sich Lawrence mit weniger Glück in der leichten Komödie. Er befaßt sich hier mit verwickelten Schürzenjägereien, aber er fügt auch kleine Striche hinzu, die für seine Kunst typisch sind: »Es müßte das Einfachste auf der Welt sein, ein Gedicht über ein Sofa zu schreiben. Immer wenn ich ein Sofa sehe, neigt mein Herz zur Poesie. Selbst die Knöpfe müssen voller Echos sein.«

Alle Stücke nehmen die Reihe vom Filmen vorweg, die viel später über die Arbeiterklasse in England gedreht wurden: die Stimmung von Tony Richardsons *Die Einsamkeit des Langstreckenläufers* und von Karel Reisz' *Samstag nacht bis Sonntag morgen*; die unausgesprochene Zärtlichkeit, die vereitelten Ambitionen, die Atmosphäre von Einengung und Düsterkeit.

In *The Daughter-in-Law* ist ein Mann untreu; seine Frau verläßt ihn, kehrt dann aber zu ihm zurück und sieht, daß er in einem Streik verwundet worden ist. Sie entdecken die Tiefe ihrer Liebe wieder.

In *Touch and Go* (Auf des Messers Schneide) packt Lawrence ein soziales Thema an und zeigt, daß er schon 1920 voraussehen konnte, wie der Kampf der Arbeiter gegen das Kapital nicht an objektiven Umständen scheitern würde (wenn man von der Frage absieht, ob die Forderungen gerecht waren oder nicht), sondern am persönlichen, irrationalen, subjektiven Widerstand von einzelnen Menschen.

A Collier's Friday Night (Freitagabend eines Bergmanns) – eine Parallele zu *Söhne und Liebhaber* – ist das wahrscheinlich aufrüttelndste aller Stücke. Der Vater trinkt und ist brutal, die Mutter fühlt sich ihm überlegen und hat ihre Liebe auf den Sohn übertragen. Sie ist eifersüchtig, daß sich ihr Sohn für ein junges Mädchen, Maggie, interessiert, und kann, wenn er es besuchen geht, nicht einschlafen, bevor er nicht wohlbehalten nach Hause zurückkommt. Als ihr der Sohn zu erklären versucht, daß es verschiedene Arten von Liebe gibt, daß es Dinge gibt, über die er mit Maggie – aber nicht mit ihr, seiner Mutter – reden kann, wirft sie ihm vor, daß er sie nicht mehr als irgendeine andere liebe. Das Stück endet mit einem vollen Geständnis ihrer gegenseitigen Liebe, mit einer überwältigenden Zärtlichkeit. »In ihrem Ton ist eine gefährliche Sanftheit – so viel Sanftheit, daß die sichere Zurückhaltung ihrer Seelen zerbricht.«

Es ist diese Zurückhaltung, die in den Stücken nur selten gebrochen wird, die sie weniger geeignet machen, andere Dimensionen zu enthüllen, als es die Romane tun, in denen sich Lawrence als ein Höhlenforscher des Unbewußten erwies. Hier stieß er in Bereiche vor, vor denen man Angst hatte und die man nicht wahrhaben wollte. Er zeichnete Ambivalenz und Dualität sowie die instinktiven, intuitiven Zustände auf. Er gestand seinen Charakteren Augenblicke der Verzweiflung, des Verlusts der Selbstbeherrschung, der blinden Impulsivität zu. Jene, denen es bei diesen Erforschungen nicht wohl war, die keine Ausbrüche des Irrationalen im Muster der harmonischen Tradition mitzuerleben wünschen, werden seine Theaterstücke mit ihrer Distanziertheit und ihrem linearen Aufbau vorziehen.

Aus dem Labyrinth heraus

Ein Interview

EAST WEST JOURNAL Zu welchem Zeitpunkt Ihres Lebens haben Sie Ihre Berufung als Schriftstellerin erkannt?
A. N. Sehr früh, als ich neun war, wegen einer Fehldiagnose, daß ich nicht mehr würde gehen können. Ich begann sofort zu schreiben, und dann habe ich natürlich mit elf das Tagebuch angefangen.
E. W. J. Haben Sie als Kind viel gelesen?
A. N. Ja, gierig.
E. W. J. Sie erwähnen häufig Marcel Proust in den Tagebüchern. Hat Sie sein Werk beeinflußt?
A. N. Proust war sehr wichtig; er war der erste, der mir zeigte, wie man die Chronologie (die ich nie gern hatte) überwindet und dem Diktat und den Intuitionen der Erinnerung, der fühlenden Erinnerung folgt; Proust schrieb nur dann, wenn er die Dinge spürte, gleichgültig wann das geschah. Dieses Element wurde natürlich sehr stark in meinem Werk. Aber es gab auch andere Einflüsse. Ich wollte einen poetischen Roman schreiben, und dafür wählte ich Vorbilder wie Giraudoux, Pierre-Jean Jouve und auch Djuna Barnes, eine amerikanische Schriftstellerin, Autorin von *Nachtgewächs*. Später war es D. H. Lawrence. Lawrence zeigte mir, wie ich eine Sprache für das Gefühl, für den Instinkt, für die Zwiespältigkeit, für die Intuition finden konnte.
E. W. J. Verstehen Sie sich jetzt als amerikanische Schriftstellerin?
A. N. Ich schreibe in der Tat für Amerika und auf Englisch, aber ich möchte über das hinausgehen. Ich kann nicht sagen, daß ich eine amerikanische Schriftstellerin bin, obwohl man mich mit dem neuen Bewußtsein identifiziert. Ich sehe mich lieber in allgemeineren oder internationaleren Begriffen, besonders weil ich an zwei Kulturen teilhabe. Andererseits sind viele im Ausland geborene Schriftsteller in den Hauptstrom der amerikanischen Literatur eingegliedert worden, aber die Amerikaner sagen immer noch »der im Ausland geborene Nabokov« und in meinem Fall »die in Paris geborene Anaïs«.
E. W. J. Ist der interkulturelle Hintergrund, auf den Sie hin-

weisen, eine mögliche Quelle für die innere Dichte und den inneren Fluß Ihres Werkes?

A. N. Ich habe immer das Gefühl gehabt, daß die innere Qualität von meinem Trauma herrührt, entwurzelt worden zu sein und meinen Vater verloren zu haben, und von der Erkenntnis, daß ich eine innere Welt schaffen müßte, die der Zerstörung widerstehen würde. Das entwurzelte Kind beginnt zu erkennen, daß das, was es in seinem Inneren aufbaut, überdauern, den niederschmetternden Erfahrungen standhalten wird.

E. W. J. Ihre Werke erinnern oft an Symphonien. Haben Sie das Gefühl, daß die Musik Ihre Schreibweise beeinflußt hat?

A. N. Sehr stark. Ich habe es sogar ganz direkt in den *Tagebüchern* gesagt, daß mein Ideal eine Seite Literatur wäre, die wie eine Seite Musik ist. Es muß eine Sprache geben, eine Ausdrucksmöglichkeit, die den Intellekt umgeht und geradewegs zum Gefühl vordringt. Ich wollte, daß man auf Literatur so reagiert, wie ich auf Musik reagiere.

E. W. J. Mich interessiert der Schöpfungsprozeß selber, die Art, wie Sie von der inneren Vision zu ihrer Umsetzung in Literatur vorgehen.

A. N. Mein Interesse galt der äußeren Wirklichkeit, insofern sie das Geheimnis einer Metapher barg. Ich hätte nie die Stadt oder die Lumpensammler oder irgendeine Person beschrieben, ohne nach ihrer inneren Bedeutung zu suchen. Wenn man sich für die metaphysische Bedeutung interessiert, dann wird alles durchsichtig. Ich habe nie eine Stadt um ihrer selbst willen beschrieben, sondern ich habe sofort ihre geistigen Eigenschaften herausfinden müssen. Ihr symbolischer Wert ist es, der sie durchsichtig macht, man sagte sogar: der sie traumhaft macht, aber das war nicht das, was sie eigentlich war.

E. W. J. Welchen Stellenwert würden Sie dem Traum in Ihren Werken geben und welche Bedeutung der Beständigkeit des Flusses und der Kommunikation zwischen dem Bewußten und dem Unbewußten?

A. N. Leider neigen wir dazu, alles zu trennen. Wir trennen Körper und Seele. Wir sondern den Traum von unserem Alltag ab. In der Psychologie entdeckte ich ihre Wechselbeziehung, und ich wollte diese Durchgänge offen halten, um von einer Dimension zur anderen gehen zu können; ich wollte sie nicht einmal teilen, damit sie wirklich eins blieben. Der nächste

Schritt bestand darin, diese Wechselbeziehung in den Roman einzubringen; ich eröffnete die Romane stets mit einem Traum und machte ihn zu ihrem Thema. Der Traum mußte entwikkelt, verstanden und am Ende wenn möglich erfüllt werden, damit ich zur nächsten Erfahrung fortschreiten konnte.

E. W. J. Wie erklären Sie sich die nahezu weltweite Identifikation Ihrer weiblichen Leser mit den Personen in Ihren Romanen?

A. N. Ich glaube, daß das, was uns weltweit verbindet, unsere Regungen, unsere Gefühle gegenüber der Erfahrung sind und nicht unbedingt die eigentlichen Erfahrungen selber. Die Lebensumstände sind verschieden, aber die Leserinnen empfinden dasselbe für einen Vater, selbst wenn jeder Vater ein anderer ist, Ich glaube daher, daß ich, ohne es zu wissen, so tief in das eingedrungen sein muß, was Ira Progoff die »persönliche Quelle« nennt, daß ich das Wasser auf einer Ebene berührte, wo es alle Quellen miteinander verband.

E. W. J. Ist ein Teil Ihrer Einzigartigkeit als Schriftstellerin der Tatsache zu verdanken, daß Sie sich in Bereiche wagen, die sich ganz besonders auf die Situation und die Erfahrung der Frau beziehen?

A. Meine eigene subjektive Einstellung zur Wirklichkeit – was ich sehen und fühlen konnte – war alles, was ich wirklich kannte. Ich las viel, aber ich ahmte die männlichen Schriftsteller nicht nach. Ich wollte erzählen, was ich sah. Und was dabei herauskam, war die Welt aus der Sicht einer Frau, eine höchst persönliche Sicht. Ich wollte den Mann der Frau und die Frau dem Mann übersetzen. Ich wollte die Beziehung zur Sprache des Mannes nicht verlieren, aber ich wußte, daß es unterschiedliche Ebenen gab.

E. W. J. Gibt es unter Ihren Werken eines, das – von Ihrem Standpunkt aus gesehen – am besten geschrieben ist?

A. N. Ich könnte die Kurzgeschichten niemals von neuem schreiben. Ich könnte kein einziges Wort zu den Kurzgeschichten in *Unter einer Glasglocke* hinzufügen. Ich könnte nichts an den *Collagen* ändern.

E. W. J. Messen Sie die *Tagebücher* mit einem anderen künstlerischen Ellenmaß oder Maßstab?

A. N. Als ich die *Tagebücher* schrieb, versuchte ich, alle Verfahren des Schreibens außer acht zu lassen, sie zu vergessen. Ich wollte keine Anforderungen an mich selbst stellen – ob ich sie nun gut oder schlecht geschrieben hatte. Ich wollte all das loswerden, und es gelang mir, weil ich das Gefühl hatte, man würde sie niemals lesen.

E. W. J. Die *Tagebücher* waren also ursprünglich nicht zur Veröffentlichungen bestimmt?

A. N. Nein.

E. W. J. Wie kam es dazu, daß sie veröffentlicht wurden?

A. N. Hin und wieder hatte ich das Bedürfnis, einen Teil der Tagebuchaufzeichnungen mit jemandem zu teilen, oder ich schrieb etwas, worauf ich stolz war. Ich erlaubte einigen Leuten, hier und dort einen Teil zu lesen; ich ließ zum Beispiel Henry Miller sein Porträt lesen. Kurz: es wurde ein wenig an ihnen teilgenommen. Aber das Gefühl, daß ich das Problem, ein Tagebuch herauszugeben, lösen könnte, kam erst viel später, als ich als erfahrene Schriftstellerin merkte, daß ich das Problem der Herausgabe bewältigen könnte. Ich mußte aber auch das psychologische Problem, mich zu öffnen, und die Angst, mich zu entblößen, überwinden. Ich hatte einen beängstigenden Traum, daß ich meine Eingangstür öffnete und von tödlichen Strahlen getroffen wurde. Aber das Gegenteil geschah. Ich überwand meine Angst und die Probleme der Veröffentlichung, und dann stand ich natürlich offen da.

E. W. J. Benutzen Sie die *Tagebücher* auch als Quelle für Ihre Romane und Kurzgeschichten?

A. N. Ja, sie sind in der Tat ein Notizbuch. Manchmal, wenn ich immer wieder etwas über eine Person schreibe, die mich interessiert, erreiche ich mit der Zeit ein kumulatives Porträt. Gewöhnlich denken wir nicht auf diese Weise über unsere Freunde, sondern wir sehen hier ein bißchen und dort ein bißchen von ihnen. Ich sehe auf einmal eine ganze Person, und dann schreibe ich die Geschichte.

E. W. J. Hat sich Ihre außergewöhnliche Schönheit als ein Vorteil oder als Nachteil erwiesen?

A. N. Manchmal war sie ein Vorteil, wenn ich einen Kritiker für mich einnehmen konnte, aber manchmal stand sie mir wirklich im Wege. Sogar bei den Frauen hält sich das Gefühl, Schönheit bedeute innere Leere. Ich habe an meine nie geglaubt, und das machte es sehr einfach für mich.

E. W. J. In den *Tagebüchern* sprechen Sie mit viel Liebe von Ihrem Haus in Louveciennes. Betrachten Sie die Umgebung als eine Art Ausdehnung der Persönlichkeit – ähnlich wie Kleider als eine symbolische Charakterausdehnung in Ihren Romanen fungieren?

A. N. Ja. Ich glaube auch daran, daß wir unsere Umgebung im Zuge unserer Entwicklung wechseln müssen. Ich weiß, daß die Geschichte von Louveciennes zu einem bestimmten Zeitpunkt zu Ende war. Wenn ich zurückschaue, so war es der rechte Zeitpunkt. Selbst wenn es schmerzlich ist und man sich dessen nicht unbedingt bewußt ist, daß man eine gewisse Erfahrung durchgemacht hat, so weiß man es doch, etwas treibt einen hinaus. Ich bin von verschiedenen Orten, wo ich daheim war, hinausgetrieben worden. Wenn ein bestimmter Zyklus zu Ende ist, so wird das Haus selber tot. Das zeigt uns an, wo wir uns in diesem Augenblick wirklich befinden.

E. W. J. Sie drücken in Ihren Schriften den tiefen Glauben an die menschliche Fähigkeit aus, über die Neurose hinauszuwachsen. Worauf gründet sich Ihr Optimismus?

A. N. Ich habe nie über die Wurzeln nachgedacht. Ich habe diesen Impuls immer in mir gespürt, so wie die Pflanzen den Impuls haben zu wachsen. Was geschieht, sind, glaube ich, zufällige Störungen und Stockungen. Wir alle besitzen diesen Impuls, aber gelegentlich wird er beschädigt. Er ist in den Kindern vorhanden, nicht wahr? Sie gebrauchen ihre Kräfte, ihre Fähigkeiten, und sie untersuchen alles, alle Möglichkeiten. Ich glaube, daß wir den Schaden feststellen können, den die meisten von uns unterwegs irgendwo erleiden, und daß wir ihn überwinden können. Wir alle haben unsere Störungen, Entmutigungen, unsere traumatischen Erlebnisse. Ich bin jungen Schriftstellern begegnet, die beim ersten Ablehnungsbescheid aufgehört haben. Es geht also darum, wie stark wir zu kämpfen bereit sind, um die Hindernisse zu überwinden.

E. W. J. Würden Sie sagen, daß eines der Hauptthemen in Ihren Werken der Konflikt zwischen der Rolle der Frau als einem abhängigen und liebenden Wesen und dem Drang des Künstlers nach Transzendenz ist?

A. N. Ja, das ist ein sehr großer Konflikt. Der schöpferische Wille drängt uns in eine Richtung, während wir zugleich Schuldgefühle haben, weil wir Zeit und Energie verbrauchen, die wir eigentlich unserem Privatleben widmen müßten. Für den Mann ist das nie ein Problem gewesen, weil ihn die Kultur dazu anspornt, zu produzieren; er will von seiner Arbeit besessen sein, er ist dazu auserwählt. Der Frau hingegen hat man gesagt, daß ihr Privatleben ihr Hauptanliegen ist; sie ist nicht dazu ermutigt worden, schöpferisch tätig zu sein. In Ihrem Fall sind schöpferische Menschen Ausnahmeerscheinungen.

E. .W. J. Was den Wachstumsimpuls oder -prozeß betrifft – glauben Sie, daß wir uns über die Kindheit hinaus entwickeln, daß wir der Kindheit entwachsen und sie hinter uns lassen, oder vollziehen wir vielmehr während unseres Wachsens eine Wiedervereinigung mit unserem ursprünglichen Ich, wie es vor dem Trauma war? Ist das Wachstum ein linearer Prozeß der Fortbewegung oder eher ein kreisförmiger Prozeß der Rückkehr zu einem wesentlichen Ich?

A. N. Ich stimme Ihnen zu, daß die Suche uns dazu führen sollte, in der Lage zu sein, alle die einzelnen Teile unseres Ichs wieder zusammenzusetzen. Wallace Fowlie definierte den Dichter als jemanden, der fähig ist, die unbefangene Sehweise des Kindes im reifen Mann lebendig zu erhalten. Ich bin damit einverstanden, außer während des Traumas, wenn die Teile auseinanderbrechen – es ist also tatsächlich ein Werk des Verbindens.

E. W. J. Es gibt einen beinahe archetypischen Zyklus der Wiederkehr zum Ich im inneren Kern Ihres Werkes.

A. N. Wenn man sich unsere mythologische Reise als einen Gang durch das Labyrinth vorstellt, aus dem wir letzten Endes wieder herauskommen, so müßten wir doch mit unserem ganzen Ich herauskommen, wir könnten nicht Teile von uns im Labyrinth zurücklassen.

E. W. J. Sie erwähnen in Ihren *Tagebüchern* daß Sie im Sternzeichen der Fische geboren sind. Führen Sie die Eigenschaft des Fließens und der Bewegung in Ihren Schriften auf die Tatsache zurück, daß Sie ein Fisch sind?

A. N. Ich fühle mich mit dem Wasser durchaus wesensverwandt. Ich bin mit dem Meer eng verbunden; ich habe es gern, mir vorzustellen, darauf zu reisen, herumzufahren – überhaupt die ganze Reise auf dem Wasser. Das hat einen Einfluß auf meinen Wunsch, mein Schreiben solle fließend, nicht statisch sein. Ich hatte das Gefühl, auf einem Hausboot besser zu schreiben, weil ich spürte, wie der Fluß unter mir floß. Man hat mich als eine Neptunfrau beschrieben, für die die Illusion wichtiger sei als die Welt der Wirklichkeit und in der die Verbindung von Traum und Wirklichkeit stattfindet.

E. W. J. Woher kommt Ihre unerschöpfliche Energie?

A. N. Ich habe darüber nicht nachgedacht. Es muß die Neugierde sein, der Umstand, daß ich immer noch so leidenschaftlich empfinde. Ich stelle mir vor, daß man – solange man Leben in sich spürt – in neue Erfahrungen, neue Freundschaften getrieben wird, und solange man darauf reagiert, hat man diese Energie. Sie scheint eine Reaktionsfähigkeit zu sein, eine Fähigkeit, aufnahmefähig für das zu sein, was um einen gerade geschieht. Solange man dieses Gefühl hat, fährt man fort zu erforschen. Hinzu kommt, daß ich immer neugierig bin. Ich war einmal bei einem Flugzeugunglück dabei: Wir hatten nur noch ein Rad, ein Teil des Flügels hatte Feuer gefangen, bis Los Angeles blieben noch sechs Minuten, und ich tat nichts anderes, als an alle Orte zu denken, die ich noch nicht gesehen hatte. Ich empfand nur, daß es eine Schande war, nicht alles zu sehen, nicht alles zu hören, nicht überall zu sein.

E. W. J. Woran arbeiten Sie gerade?

A. N. Ich gebe den sechsten Band [der *Tagebücher*] heraus. Die Veröffentlichung des siebten Bandes wird mich zum Brief- und Tagebuchwechsel mit anderen Frauen führen. Dann werde ich zurückgehen und meine Kindheit und Jugend bearbeiten, weil Leser meinten, ich hätte die *Tagebücher* zu einem Zeitpunkt begonnen, da sich mein Leben weitete. Sie möchten sehen, wie es vom engen zum ausgeweiteten Teil voranschritt.

E. W. J. Was für ein Gefühl ist es, Anerkennung als eine bedeutende literarische Persönlichkeit erlangt zu haben?

A. N. Ich habe mir das nie vorgestellt. Es ist ein wunderbares Gefühl, man kommt sich nicht mehr so isoliert vor. Und man kann sein universelles Leben verwirklichen. Man steht mit der ganzen Welt in Verbindung, was vermutlich der Wunsch eines jeden Schriftstellers ist. Ich habe das Gefühl, mit der Welt in Verbindung zu sein.

Die Selbstmordakademie

Für unser Raumfahrtzeitalter sind uns viel zu viele schwerfällige Romane beschert worden. Daniel Stern ist fähig, alle Tatsachen ins All zu schleudern, ihre chronologische Eintönigkeit umzukehren und bestehende Abläufe über den Haufen zu werfen. Das Aus-dem-Gleichgewicht-Geraten des Absurden als menschlich, den Galgenhumor als eine tägliche Möglichkeit, Schrecken und Tod von neuen Blickwinkeln aus zu betrachten – das kann neue Techniken, die Zerstörung zu besiegen, zutage fördern. Daniel Sterns Witz ist nicht kalt oder unmenschlich. Er gehört zur neuen Generation, die emotional ist; er schreibt, um Freude zu bereiten, um zu überraschen, aufzurütteln, anzugreifen. Er benutzt den Spott nur, um über die Fallen zu springen, nicht, um uns von der Erfahrung zu trennen.

Die Selbstmordakademie ist ein Ort, an den Möchtegern-Selbstmörder eingeladen werden, sich einen Tag lang selber zu prüfen und zu meditieren, worauf sie sich entschließen müssen, ob sie in die Welt zurückkehren oder ihrem Leben ein Ende setzen wollen. »Hier werdet ihr lernen, zu leben oder zu sterben – und mehr – Ihr werdet die Wahrheit lernen: daß eins von beiden das Beste ist.«

Eine Gruppe von bunt zusammengewürfelten Personen, die eine explosive Wirkung aufeinander haben werden, ist vereinigt: Wolf Walker, ein Direktor, seine ehemalige Frau Jewel, deren jetziger Mann, Max Cardillo, Gilliat, der antisemitische Neger, Barbara, die schwangere Geliebte des Direktors – und eine viel längere Liste von Patienten, als die Akademie je in der Lage wäre zu bewältigen. Dazu passend: eine Landschaft ganz aus Schnee und Eis.

Der Blickwinkel ist mehrseitig, die Wirklichkeit mehrdimensional. Als Wolf Walker in diesem Spiel unserer Intelligenz, das von unserer eigenen Unlogik gespielt wird, aufwacht, legt er die Stabilität der Zwiespältigkeit fest:

> »Er hatte geträumt, daß Jewel singt. Das Lied hieß ›Nach einem Traum‹ von Fauré, und die besondere Passage, auf die sein Schlaf aufgefahren war, war die Wiederholung des Wortes *reviens, reviens* (komm zurück, komm zurück). Der Ton war das mittlere C.

Das war's, womit ich beginnen wollte. Aber ich glaube, daß ich die Ereignisse in der Selbstmordakademie nicht in diesem elegischen Ton erzählen kann.«

Wir schlüpfen hier in eine surrealistische Welt, in eine Relativität ohne Schwerpunkt. Wir haben es mit dem Absurden, dem Irrelevanten, dem allegorischen Chaos einer Welt zu tun, deren vergangene heuchlerische Scheinlogik wir nicht länger hinnehmen können. Wir befinden uns im Innern des Zaubertheaters des *Steppenwolf*, im Innern der Alpträume von Kafka, aber in ihren amerikanischen Entsprechungen – d.h. in der Schwerelosigkeit des Humors. Die psychologischen Ironien sind so zutreffend, wie sie es bei einem Geist des zwanzigsten Jahrhunderts sein sollten. Die Wahl zwischen Leben und Tod, Schöpfung und Zerstörung ist stets unsere eigene, aber wir ziehen es vor, anderen Kräften die Schuld zu geben. *Die Selbstmordakademie* fordert uns auf, über das Ausmaß unserer mißlichen Lage nachzudenken – nicht in der Zurückgezogenheit eines alten Klosters, sondern in einer imaginären Übergangssituation am Wegrand und im Zentrum der Dramen, Krisen, Vorurteile und üblichen Verzerrungen unseres Alltags. Es ist dies keine Meditation in Ruhe oder Abgeschiedenheit, obwohl die Schneelandschaft lebhaft gegenwärtig und beredt ist, als wäre ihre Kälte nötig, um das Fieber und die Ansteckungen zu lindern, die man im aktiven Leben aufliest. Der Ort, an dem wir unseren Entscheid treffen sollen, wird von Besuchern überschwemmt, deren Absicht geheimnisvoll bleibt. Es gibt keinen sicheren Hafen der Objektivität oder der abstrakten Gehirntätigkeiten. Die Absurdität verfolgt und umringt sie alle. Die jugendliche, zeitgenössische Qualität des Buches liegt in seinem Hauptzweck, nämlich zu erfreuen, nicht zu erklären, bei allen Ereignissen *dabei zu sein* und gern zu haben, was immer geschieht: Beziehungen, die nicht zu katalysieren vermögen, Lieben, die ihr Ziel verpassen, Ringkämpfe, die keinen Sieger hervorbringen, Gespräche, die die Verzerrungen vermehren, Ideologien, die die Verwirrung vergrößern, Erklärungen, die zu keinem Waffenstillstand führen: sie alle sind hier vorhanden wie im täglichen Leben, aber Daniel Stern verleiht ihnen die Überschwenglichkeit des Witzes, sie schwimmen wie Rettungsringe, die mit dem Sauerstoff des lyrischen Vergnügens gefüllt sind. Die toten Klischees, mit denen sich die Leute gegen den Wechsel verteidigen, werden bis zur Kernspaltung bombardiert, um neue Dynamismen zu erfinden. Ideen auf den Kopf stellen, läßt die verbrauchte Luft aus ihnen entweichen und schafft Raum für neuen Sauerstoff. Der verzweifelte Aspekt unserer zerstörerischen Impulse ist in einen allegorischen Tanz im Schnee – in einen Stammestanz des Verlangens – verwandelt. Die Aussage richtet sich an die Sinne: zum Beispiel entdecken wir die Liebe wieder mit Hilfe von Jewels Haarsträhnen. Entkommen, Flucht, Entrinnen, die moderne Gewohnheit, die Erfahrung in ein Happening und in das Verfilmen des Happenings zu spalten – all das ist bekannt. Der Bösewicht Max ist der Filmemacher. »Er nahm sie in schnellen, nervösen Schnappschüssen auf, wie ein Spion, der irgendeinen geheimen Ort auf verbotenen Film festhält... [Waren Max und Jewel] unschuldige Filmemacher oder schuldige Film-Aufnehmer?... Kamera-Irrsinn, das Einstellen, Klicken und Aufziehen.«

Die ganze Bande wird in eine surrealistische Reise getrieben. Das sind nicht die ummauerten Alpträume eines Kafka – eingeengt und klaustrophob. Das ist ein Traum von Raum, von offenen, blendend weißen Landschaften, eine Inszenierung der Freude, der körperlichen Euphorie, der muskulösen Energie, die in scharfem ironischen Gegensatz zur ständigen Gegenwart unausgesprochener und geheimer Verzweiflungen steht.

Jewel ist die Verführung selbst, wie sie es sein sollte, und sie ist allergisch auf die Wahrheit.« [Ihr] ganzes Wesen war in ihrem Körper ausgedrückt. Sie war ein Triumph des Offensichtlichen: mit ihrer äußerst weißen Haut, ihren völlig blauen Augen, ihren blonden Haaren, die das gänzliche Fehlen von Schwarz, von Dunkel anzeigten.« Jewel, die allergisch ist auf die Wahrheit als eine vom Mann geschaffene Formel, welche ihrem weiblichen Labyrinth, ihrem weiblichen Bedürfnis, erschaffen zu werden nicht paßt.

Das Ballett, das Jewel und Wolf, ihr früherer Ehemann, auf dem Eis tanzen, ist eine lyrische Flucht: »... wir sprangen hinaus aufs Eis wie ein Paar flüchtender Figurentänzer, die vergessen hatten, wie man die klassischen Figuren ausführt, und daher neue erfanden. Gab es eine Figur Z? Ich bin sicher, wir schufen eine. Oder eine Figur R_2? Ich bin sicher, wir erfanden sie.«

Jedes intelligente Buch liefert den Schlüssel zu seinem Ver-

ständnis mit. Ich bin überzeugt, daß das auf *Die Selbstmordakademie* zutrifft. Der Roman erfindet neue Figuren. Das ist das Geheimnis seiner erhebenden Wirkung. Während sich Wolf in der Ehe geweigert hatte, Jewel zu erschaffen, wie sie es von ihm wollte, ist er nunmehr – da sie an Selbstmord denkt und nur einen einzigen Tag hat, um ihn auszuüben oder ihn zu verwerfen – endlich bereit, sie zu erschaffen und ihre eigene Zerstörung zu vereiteln. »Ich bediente, indem ich gekonnt das Gedächtnis benutzte, das ganze Arsenal von Gefühlen, ungenützten Hoffnungen, begrabenem Haß (der sich in anderer Form verkleidet), von falsch adressierter Liebe – ich bediente die Skalpelle und Fäden meiner besonderen Erfahrung.«
Ein Schlüssel zum Buch – möglicherweise seine Definition – ist in diesen Stellen zu finden:

»Der Selbstmord war ein großer, dunkler Kontinent, den man auf der Karte einzeichnen mußte, und ich war sein Kartograph ...
Selbstmörder waren die Aristokraten des Todes: Gottes Studenten, die ihre Tränen in die Tat umsetzten, um zu beweisen, wie begrenzt die Alternativen sind, die Er sich selbst und Seinen Geschöpfen erlaubt hatte. Ihre Nummer war bestenfalls vorzügliche Literaturkritik. Schlimmstenfalls–nun, vielleicht war's diese blonde Lieblichkeit [Jewel], die noch nicht definiert war und die starb, weil ihr die Definition fehlte. Die reizenden Konturen dieser noch so leicht konischen Brüste dem Staub anheimzugeben, diese langen und nach unten verjüngten Beine, diese runde Wange, die sich zur Vertiefung der schattigen Augen wölbt – all das aus Formmangel wegzugeben. Nein! Selbstmord muß mehr sein als eine bloße Abtreibung. Es *mußte* Teil meiner Aufgabe sein, Menschen für ihren richtigen Tod zu retten.«

Der Roman springt von der Metaphysik zum Faustkampf, von der Literatur zur Eifersucht, vom Rassenvorurteil zur Mythologie, von geistiger Akrobatik über körperliche Anstrengung zu sinnlichen Abenteuern und verbirgt dabei eine Weisheit hinter seiner Wendigkeit. Der zentrale Jongleur begeht keinen Fehler. Er ist geschickt und empfänglich für die Gefahren, die in der Suche nach neuen Ideen, neuen Empfindungen, neuen Ausdrucksformen stecken. Er ist ein Figurentänzer der Sprache.

»Der Kreis, nicht wahr, liegt im Innersten aller menschlichen Angst. Die Sonnenuhr und die Wanduhr beweisen, daß es ohne Kreise keine Zeit gäbe. Wenn es keine Zeit gäbe, gäbe es keinen Tod. Daher: Keine Kreise, kein Tod... Die meisten unserer Gäste kommen zu uns, weil sie unter der Kreismüdigkeit leiden. Wiederholung, volle Umdrehung und noch mehr Wiederholung... Stellt euch dagegen die Freude der geraden Linie vor: Bewegung nach vorn, Änderung. Selbst wenn die gerade Linie geradewegs in die Erde hinunter führt. Stellt euch das vor! Ein Ende den Kreisen!«

In einem gewissen Sinne gehört der Roman zum Theater des Absurden, andererseits geht es über dieses hinaus: Die Betrachtung der menschlichen Irrationalität hat einen anderen Zweck. Sie ist eine Übung in schöpferischer Freiheit. Da die Ereignisse die Logik als eine andere Form der Heuchelei entlarvt haben, mündet dieses Auf-den-Kopf-Stellen der Vorstellungen – um alles Falsche auszuschütten – nicht in Negationen, sondern in potentielle Befreiungen. Dies beweist, daß die Gewohnheit, geschickt zu befragen, nebeneinanderzustellen, zu jonglieren, kein Zeitvertreib ist, sondern ein ernstes Bedürfnis für denjenigen, der die Wahrheit sucht. Die Akademie brennt sinnigerweise völlig nieder. Da sie auf Zwiespältigkeit aufgebaut war, ist alles, was von ihr übrigbleibt, das, was jedermann für sich aus der Asche davon rettet – eine Welt, die im Einklang ist mit seiner besonderen emotionalen Vision, bedeutungsvoll nur für ihn selbst, so daß er sich wieder ins Gleichgewicht jonglieren kann. In der Tat eine surrealistische Welt, sichtbar in der Geschichte, der Politik, der Wirtschaft und der Wissenschaft, eine Welt, die der Direktor der Argentinischen Akademie so zusammenfaßt:

»Wir müssen annehmen, daß es kein Universum im organischen, verbindenden Sinne dieses ehrgeizigen Wortes gibt. Wenn es eins gibt, so müssen wir seinen Zweck erraten; wir müssen die Wörter, die Definitionen, die Etymologien, die Synomyme von Gottes geheimem Wörterbuch erraten...
In meinem kalten Fieber sah ich die Landschaft – vielleicht weil meine Befürchtungen zunahmen oder wegen des Alkohols – als ein kalligraphisches Wunder. Die dünner werdende Linie von Bäumen, die längliche Schatten auf den Schnee

warfen, wie ein Gebetbuch in einer fremden Sprache, von dem man aber aus der Sage wußte, daß es einen berühmten und schönen Vers enthielt; die lange Reihe ungleichmäßiger Felsen, von zittriger Hand verstreut, die sich vom Grasende bis zum Strand erstreckte. Hell polierte Farben – zuerst größere, dann kleinere – verdunkelten sodann die leuchtenden Schatten, die alle von Seetang umwuchert waren, Strophe und Gegenstrophe, eine unvollendete Aussage von Stein und Sand. Und die Schwärme von Flußuferläufern, gegen das Zischen des Uferschaums geschleudert, der sie zurückzischt und sie dann lockt, an den Rand zurückzukehren, Fragmente fremder Texte, heilige Buchstaben, deren Bedeutung vergessen worden war, altgefiederte Prophezeiungen, Schöpfungen inspirierter Astrologen früherer Generationen ...
Ich erzählte ihr also, daß ich die Landschaft las, so wie ich den Himmel las, als ich ein Kind war. Von Anfang an im *Logos* festgefahren – das war ich. Die Welt als eine unübersetzbare Sprache.«

Wir leben mitten in einer schwarzen Pest, einer Pest des Hasses. Dieses Buch ist ein Gegengift gegen die Epidemie, die uns befällt. Surrealismus als ein Heilmittel gegen den Ekel. *Die Selbstmordakademie* ist letztlich das Buch eines Dichters, und das bedeutet, daß er über den Stürmen der Zerstörung, über der Neutralität, über der Gleichgültigkeit und daher über den Tod hinaus fliegt.

Miss MacIntosh, My Darling

Wenn ein Schriftsteller sich entschließt, uns eine ganze Welt – alles, was er erforscht und herausgefunden hat – zu geben, dann ist diese Welt notgedrungenermaßen riesig. Schließlich zweifelt auch niemand an der Weite des Ozeans und an der Größe eines Berges. Der Schlüssel zum Genuß dieses erstaunlichen Buches liegt in unserer Bereitschaft, uns auf seine Umwege und Wanderungen, auf seine elliptischen und tangentialen Reisen einzulassen, wofür wir mit wunderbaren Überraschungen entschädigt werden. Dies ist eine Suche nach der

Wirklichkeit in einem Labyrinth von Illusionen, Phantasien und Träumen, die letztlich Calderons Worte bekräftigen: »Das Leben ist ein Traum.«
Die Erklärung für das zellartige Wachstum des Buches findet sich in Marguerite Youngs eigenen Worten: »Ich habe bloß versucht, den Weg mit Kieselsteinen zu markieren, damit niemand sich verirrt.« Was die gefährliche Erforschung von Illusion und Wirklichkeit betrifft, so glaubt die Autorin, daß einen – wenn man der Welle der Phantasie folgt – die Woge, die einen hinaustrug, an den Strand zurückbringen muß. Erst wenn man die Bewegung voll und ganz mitvollzogen hat, gewinnt man Einsicht und Verständnis.
Das erklärt, warum sie den reichen, tiefen Klang und den kräftigen Rhythmus des Buches im Ganzen durchhalten kann. Es ist eine Leistung der Geduld, die sie erbrachte, indem sie jede Verbindungszelle mit der nächsten verwob, ohne die Brücken abzubrechen: ein Weben von Wort zu Wort, von Bild zu Bild, von Wendung zu Wendung. Sie ist eine Tänzerin auf dem Hochseil des Raums und des Symbols, aber sie gibt ihren Lesern ein Auffangnetz.
Obwohl sie den Mythos für die heimatliche amerikanische Folklore ebenso unsterblich macht wie Joyce seinerzeit den irischen, war Joyce nicht ihre Inspirationsquelle. Ihre Eingebung war Amerika, ihr nüchternes Amerika des Mittleren Westens und seine kraftvollen Tagträumer, die so selten dargestellt werden, auf heimatlichem Boden geboren, amerikanisch, wie Joyces Charaktere irisch sind, mit ihrem amerikanischen Sinn für Komödie, Extravaganz und Lebendigkeit: der Buschauffeur, die Suffragette, die alte Jungfer, der Komponist ungeschriebener Musik, der Muschelgräber, der tote Spieler, die Kellnerin der Weltmeister im Federgewicht, der Henker, der Detektiv, der Steinmetz, die Brieftaube, der Frosch, der Elch.
Das Werk weist eine Küstenlinie auf, die allmählich verschwindet. Es offenbart eine Unterwasserwelt, geographisch im Unbewußten und in der Nacht zu lokalisieren. »Das Meer tut euch nichts, wenn ihr unter – nicht über – der Wasserfläche schlaft: der beste Ort, um Perlen aufzubewahren«, sagt eine ihrer Figuren.
Die zahlreichen Personen treten in unseren Bewußtseinsstrom ein und gehen dort nicht unter, weil sie Teil der amerika-

nischen Psyche sind, einer Psyche, die – wie Marguerite Young sagt – zur wildesten Phantasie fähig ist. Sie sind nur im Blauen Buch des Ungewöhnlichen verzeichnet. Marguerite Young ist eine Aristokratin unter den Schriftstellern – vielleicht ist sie die Vorbotin einer neuen Ära in der amerikanischen Literatur.

Das Buch ist auch ein Hohelied auf die Besessenheit. Das Leben ist voll von Wiederholungen, die in Variationen gipfeln; diese zeigen die Subtilität an, mit der Menschen auf Lebenserfahrungen reagieren.

Die Romanfiguren sind reell, zugänglich, vertraut. Aber Marguerite Young stellt ihre Erfahrungen, ihre Ablagerungen, ihre Echos und Spiegelungen in Frage. Was ist Wirklichkeit? Sie ist, tief in unserem Innern, so schwer zu fassen wie ein Traum, und wir haben keine Gewißheit darüber, was geschieht.

Ein Engel im Wald

Diejenigen, die die einmalige Erfahrung gemacht haben, Marguerite Youngs *Miss MacIntosh, My Darling* zu lesen, werden in ihrem *Angel in the Forest* (Ein Engel im Wald), das zwanzig Jahre früher veröffentlicht wurde, ein Vorspiel zum bedeutenderen Werk sehen, welches das Verhältnis von Wirklichkeit und Illusion untersucht. Die Illusion in *Miss MacIntosh, My Darling* rührte von den Opiumträumen der Mutter her, die entwirrt werden mußten, damit die Erzählerin das Ende und das Ziel ihrer Suche erreichen konnte. *Miss MacIntosh, My Darling* ist ein Roman. *Angel in the Forest* ist ein Geschichtswerk. Es handelt von der Erschaffung Utopiens, Amerikas erster Illusion. Es erzählt die Geschichte zweier sozialwissenschaftlicher Versuche, die von Georg Rapp und Robert Owen im Indiana des neunzehnten Jahrhunderts durchgeführt wurden. Weil dieses Thema auf heutige Probleme angewandt wird, wirkt es modern. Wenn ein Dichter beschließt, ein Geschichtsbuch zu schreiben, so gewinnen die Tatsachen an Kraft und Dimensionen. Marguerite Young ist eine peinlich genaue Gelehrte, aber sie erleuchtet jede Beschreibung und jeden Charakter mit dem Laserlicht der Bedeutung. Ihre Tatsachen strahlen Geist und Ironie aus und werden von Menschen verkörpert.

»Frage: Was ist das Leben, welcher Traum unter den Träumen ist die Wirklichkeit?«
Der Ort, New Harmony, ist wiederauferstanden, als wäre er nie verschwunden. Der Titel des Buches spielt auf riesige Fußabdrücke auf einem Stein an, von denen man sagt, sie stammten von einem Engel; der Stein wurde von einem bescheidenen Steinmetz vor völliger Vernichtung gerettet (oder vielleicht wurden die Spuren von ihm selbst in den Stein gehauen?). Indiana ist Marguerite Youngs Heimatland. Sie kann mit wenigen lebendigen Strichen Hunderte seiner Einwohner mit all ihren menschlichen Schwächen, Eigentümlichkeiten, Fehlern auferstehen lassen, um zu zeigen, wie sie ihre eigenen idealistischen Vorstellungen sabotieren.
Mr. Pears, der Buchhalter, den man wegen eines Fehlers entlassen hat: »Es stimmt, daß er von Zeit zu Zeit ein wenig nebenher getrunken hatte, aber nicht genug, um die Arithmetik zum Tanzen zu bringen.« Mrs. Pears, für die »nichts so schlimm« war »als die Tyrannei, die vorgibt, demokratisch zu sein«. Sie alle zeigen, »wie ihre Hoffnung auf Besserung in New Harmony allmählich schwindet«. Die eigenen, persönlichen Phantasien, Gelüste, fixen Ideen, Gewohnheiten der Menschen besiegen ihre Illusionen. »Wer war letzten Endes glücklich in New Harmony – dem Austragungsort des Gegensatzes zwischen dem Individuum und dem totgeborenen Kollektivismus?«
Als das Buch in einer Zeit der Papierknappheit zum erstenmal erschien, kamen nur wenige Leute in den Genuß, es zu lesen. Es enthält den Samen des Hauptwerkes, dem Marguerite Young die nächsten siebzehn Jahre ihres Lebens widmete. Sie wies nach, daß die Geschichte ein Sammelsurium von Geschichten ist, und so konnte sie ganz in die Welt der Fiktion eintreten, wo sie viele Quellen geheimnisvoller Mißerfolge entdeckte.
»Weil er an die Realivität und Subjektivität des Glücks glaubte und jedem Wert außer dem Vergnügen mißtraute, schlug William Taylor vor, daß die Oweniten, die um ihn versammelt waren, ein Begräbnis für die Gesellschaftswissenschaft veranstalten sollten, an dem alle fröhlichen Betrunkenen die Trauernden wären. *Um einen Sarg für die Idee einer ganzen Menschheit, eines gesichtslosen Leichnams, zu zimmern, arbeiteten sie wie nie zuvor in der ganzen Geschichte Utopiens.*«

Dieser Versuch offenbart seine Zeitlosigkeit in seinem Bezug zur Gegenwart. Es war nötig, aus den Ozeantiefen des Unterbewußten die Zauberlehrlinge hervorzuholen, die alle Sozialversuche unterminierten. Die beiden Bücher der Autorin laden uns ein, uns an einen riesigen Konferenztisch zu setzen und mit ihnen Gespräche zu führen. Der Konferenztisch ist zugleich ein Bankettisch, an dem uns in kristallklarem Stil Personen vorgeführt werden, deren Fußstapfen bis zu unserer eigenen Tür Marguerite Young gemeißelt hat.

Edgar Varèse

Die meisten Menschen brauchen einen räumlichen oder zeitlichen Abstand, um den einmaligen Wert eines Mannes, eines Künstlers zu erkennen. Aber jene Freunde von Edgar Varèse, die wußten, auf welch verblüffende Weise sich der Mann und seine Musik ergänzten, hatten einen unmittelbaren Anhaltspunkt für seine wirkliche Größe und seine einmalige Stellung in der Musikgeschichte. Er war ein Mensch, der in einer unermeßlichen Welt lebte, und er konnte dank seiner hohen Antennen Vergangenheit, Gegenwart und Zukunft erfassen. Ich spürte es jedes Mal, da ich bei ihm klingelte und er die Tür öffnete; denn obwohl er mich mit jener Herzlichkeit empfing, die er für alle seine Freunde übrig hatte, konnte ich gleichzeitig überall um ihn herum und aus dem Haus hinausströmend ein Meer von Musik hören, die nicht für eine Person, nicht für ein Zimmer, ein Haus, eine Straße, eine Stadt oder ein Land geschaffen war, sondern für das ganze Weltall. In seinen großen, lebhaften, blaugrünen Augen leuchtete nicht nur die Freude auf, mich wiederzuerkennen, sondern auch ein Zeichen, das mich in eine Welt neuer Schwingungen, neuer Töne, neuer Effekte, neuer Bereiche willkommen hieß, in die er selbst völlig versunken war. Er führte mich in sein Arbeitszimmer. Der Flügel nahm den meisten Platz ein, und auf dem Notenständer war stets ein Musikstück aufgeschlagen. Es wurde gerade überarbeitet, was es in eine Collage verwandelte: lauter Fragmente, die er bearbeitet und wieder bearbeitet und ersetzt hatte, bis sie eine gewaltige Konstruktion ergaben. Ich habe mir diese Fragmente, die auch an das Brett über seinem Schreibtisch und an die Wände geheftet waren, immer mit Vergnügen angesehen, weil sie das wahre Wesen seines Werks und seines Charakters ausdrückten: sie waren im Zustand des Fließens, der Bewegung, der Flexibilität, stets bereit, in eine neue Metamorphose umzuschlagen; sie waren frei und gehorchten keiner monotonen Abfolge, keiner Ordnung, außer seiner eigenen. Das Tonbandgerät war auf volle Lautstärke eingestellt. Er wollte, daß man ergriffen würde von seinen Ozeanwellen und -rhythmen, daß man in ihnen aufging. Edgar Varèse führte eine neue Glocke vor, ein neues Objekt, das in der Lage war, eine neue Tonalität, eine neue Klangfarbe zu erzeugen. Er war in seine Materialien mit einer unermüdlichen Neugierde verliebt. In seinem Arbeitszimmer wurde man selbst in ein Instrument, ein Gefäß verwandelt und fuhr mit ihm auf seinen Reisen ins Weltall des Tons.

Wie wir die kleine Treppe zum Wohn- und Eßzimmer hinaufstiegen, um zu den anderen Freunden zu stoßen, und von seiner liebenswürdigen und anmutigen Frau Louise begrüßt wurden, verwandelte sich Varèse der Musiker in Varèse den Unterhalter. Er strahlte in Gesellschaft, war beredt, satirisch und witzig. Es bestand eine Harmonie zwischen seinem Werk und seinen Gesprächen. Er verachtete die Klischees in der Musik und im Denken. Seine Auflehnung gegen sie hörte nie auf. Er gebrauchte eine lebendige, würzige Sprache. Er behielt den revolutionären Mut der Jugend bei, der allerdings stets von seinem Intellekt und seinem Unterscheidungsvermögen gesteuert wurde und nie blind oder falsch war. Er zerstörte nie etwas außer der Mittelmäßigkeit, der Heuchelei und den falschen Werten. Er griff nur an, was angegriffen zu werden verdiente, und er tat es nie in persönlicher, kleinlicher oder blinder Wut, wie es bei einigen Künstlern heute üblich ist.

Als er einmal von einer widerlichen politischen Figur sprach, sagte er: *»A faire vomir une boîte à ordure.«* (»Er bringt einen Kehrichtkübel zum Kotzen.«)

Seine Feldzüge wurden auf sehr hohem Niveau ausgetragen; sie waren gegen die Leute gerichtet, die den großen originellen Projekten immer im Wege standen, weil sie sie weder verstehen noch kontrollieren konnten.

Das letzte Gespräch, das wir zusammen führten, drehte sich um die Ironie, daß Stiftungen und Universitäten ihm eine vollständige elektronische Werkstatt, mit der er arbeiten könnte, verweigerten. Er war voller Pläne, die er nicht ausführen konnte, weil ihm die nötigen Einrichtungen fehlten. Er benötigte die Maschinen, die man so leicht den jungen, unfertigen Musikern anvertraut. Er brauchte ein Laboratorium für die Erforschung zukünftiger Klänge. Die meisten dieser jungen Leute konnten die Maschinen nur bedienen und nicht programmieren, während Varèse ihnen einen unendlichen vulkanischen Reichtum hätte eingeben können.

Viele Musikkenner werden über Varèses Kompositionen schreiben. Ich für meinen Teil möchte hervorheben, was zu schaffen ihm nicht vergönnt war, weil jeder Künstler davon träumt, sich all seiner Reichtümer zu entledigen, bevor er stirbt. Wenn er uns verläßt und ungebrauchte Schätze in die Vergessenheit mitnimmt, so müßte das Schuldgefühle in uns wecken. Varèse kannte die Blindheit, die die meisten Leute in Gegenwart schöpferischer Riesen befällt. Ich erzählte ihm, wie ich zu einem Abendessen für die Mitglieder einer berühmten Gesellschaft eingeladen war, die gegründet worden war, um neue Erfindungen hervorzubringen. Nachdem sie dort ihre Leute nivelliert, diszipliniert und gehemmt hatten, versuchten sie nun, ihnen spontane, schöpferische Ideen zu entlocken. Die Leute – zu Automaten geschrumpft – saßen am Konferenztisch, und jemand schrie auf sie ein: »Denkt nicht, sagt, was euch gerade in den Sinn kommt, irgendwas!«; für diese groteske Anstrengung hatte man sogar einen Fachausdruck. Selbstverständlich konnte nichts aus Leuten herauskommen, die ihre schöpferische Kraft schon lange verloren hatten. Ich schlug vor, daß man die Künstler, die ich kannte und die vor Ideen, Plänen usw. strotzten, einladen solle. Eine Pause entstand. »Ach ja, kennen wir!« sagten sie. »Sie meinen jene verrückten Genies, die sich weigern, saubere Hemden und Krawatten zu tragen, die nicht pünktlich sind und *die man nicht kontrollieren kann.«* »Kontrollieren« war das entlarvende Wort. Auch in der Musik wandte sich jeder an die Leute, die man kontrollieren konnte – an Schüler, Nachahmer, Abkömmlinge. Sie wagten es nie, die Quelle anzufragen, der Schöpfung und Erfindung, wie alle großen Naturphänomene entstammen: wie die höchsten Wasserfälle, die höchsten Berge, die tiefsten Felsschluchten, die bodenlosen Seen. Jeder Künstler kennt die Isolierung, in die man die Großen drängt, als wären sie gefährliche Wesen. Eine vertrautere, problemlosere Beziehung ließ sich zu dem Harmlosen herstellen, und man konnte mit dem Schunddrucker leichter umgehen als mit dem echten Maler. Es hätte einen Kritiker, einen Zuhörer, einen Dirigenten oder einen Stiftungsdirektor von gleichem Rang gebraucht, um an den Künstler zu gelangen, der – kraft der natürlichen Rechte des Schöpfers – Diktator in seinem eigenen Reich ist. Welche Angst wir doch vor einer revolutionären Kraft in vollem Ausbruch haben!

Varèse hatte kein Mitleid mit den Schüchternen, den Schlaffen und den Kraftlosen. Er sagte: »Sie haben alles den Mechanikern überlassen. Die neuen Maschinen brauchen Komponisten, die sie füttern können.« Das war der Inhalt unseres letzten Gesprächs. Damals merkte ich zum erstenmal, daß er mit einundachtzig gebeugt ging, aber das kam von seiner Krankheit. Er war weise genug, um die menschlichen Befürchtungen zu kennen. Er wußte, daß man sich an ihn wenden würde, wenn man nicht mehr Gefahr lief, in den hallenden Wirrwarr seiner Klangflüge mitgerissen zu werden. Er ist nun ein Archetyp, dessen Potential die Welt nicht voll ausgeschöpft hat; aber was er zurückgelassen hat, gehört zur gleichen Kosmologie, die die Wissenschaft jetzt zu entwerfen versucht. Für jede neue Entdeckung benötigen wir neue Klänge, und Varèse hörte sie, noch ehe man zu den unentdeckten Räumen vorstieß. Er meinte einmal liebenswürdig: »Es gibt keine Avantgarde. Es gibt nur Leute, die ein bißchen zu spät kommen.«

Das Licht ist schneller als der Schall, aber in Varèses Fall war der Schall der schnellere.

In einer Tagebuch-Werkstatt

Nachdem Ira Progoff verschiedene wertvolle Bücher über Psychologie verfaßt und Tiefenpsychologie an der Universität von Drew gelehrt hatte, entwickelte er eine beachtliche Methode, die das intensive Tagebuch dazu benutzt, die Persönlichkeit zu einen und eine Art Selbsttherapie zu verwirklichen.

Er beginnt damit, die Vorstellung vom Tagebuch als einer literarischen Leistung auszuräumen, damit jedermann aus

jeder Schicht und mit jedem Bildungsgrad ein »Spiegelbild« seines Lebens und seines Charakters anfertigen, eine Synthese von Erfahrungen und Träumen erreichen und zu einer Selbstschöpfung gelangen kann, die bis dahin vom absurden puritanischen Tabu gegen die Entwicklung des Ich und gegen die Reise nach innen ernsthaft behindert wurde (beides angeblich Erscheinungsformen des Narzißmus oder der neurotischen Subjektivität). Dieses Buch – das Ergebnis jahrelanger Erfahrungen mit der Bedeutung und Entwicklung des Tagebuchführens – beweist, daß die Reise nach innen ins Labyrinth des Ich ein Zeichen der Reife, eine Erkenntnis, ein zusammenhängender Bericht, eine Untersuchung, eine Gegenüberstellung der eigenen Erfahrungen sein kann. Die irrige Vorstellung, daß das extrovertierte Leben der Erforschung – und daher der Schöpfung – des Ich überlegen sei, wurde von der Auflösung der Persönlichkeit, die unsere Kultur prägt, von der Therapie-Abhängigkeit, von der Verwirrung und vom Chaos widerlegt. Progoffs Methode ist höchst geistig in ihrer Konzeption. Sie ist in ihrer Wirkung viel selbstloser als die künstlerische Objektivität derer, die glauben, daß sie durch den Verzicht darauf, über sich selbst zu schreiben, mehr zur Gesellschaft beitragen, als durch die Arbeit an einem harmonischen Ich.
At a Journal Workshop (In einer Tagebuch-Werkstatt) legt von Anfang an die Begründung für die Reise nach innen fest; das erste Kapitel ist betitelt »Das intensive Tagebuch als ein Mittel zum Leben«. Was folgt, ist eine Serie von Vorschlägen, wie man seine Erfahrungen, seine Erinnerungen, seine Träume als Schlüssel zum Verständnis des eigenen Lebens benutzen kann. Progoff gibt einleuchtende Anregungen wie z.B. »Den Nährboden unseres Lebens auflockern«, »Die Stufen auflisten«, »Das Logbuch der Lebensgeschichte«, »Kreuzungen: eingeschlagene und nicht eingeschlagene Wege«, »Die Rekonstruktion unserer Autobiographie«. Sein Buch erreicht eine therapeutische Wirkung, »nicht indem es die Psychotherapie anstrebt, sondern indem es aktive Techniken vermittelt, die es dem einzelnen ermöglichen, aus seinem eigenen Potential zu schöpfen, um seine Persönlichkeit zu einen«. Niemand wird in diesem Zeitalter des Chaos und der Verwirrung den Wert einer einheitlichen Persönlichkeit im Leben der Gemeinschaft in Frage stellen wollen.
»Viele Leute haben schon die Erfahrung einer dem Leben

zugrunde liegenden Wirklichkeit gemacht, einer Wirklichkeit, die sie als ihre persönliche Bedeutungs- und Kraftquelle erkannt haben.«

»Das Intensive Tagebuch ist insbesondere dazu gedacht, Mittel und Techniken bereitzustellen, mit Hilfe derer die Menschen in sich selber die Kräfte und Möglichkeiten entdecken können, von denen sie nicht wußten, daß sie sie besitzen.« Abermals erinnert uns Progoff daran, daß »das Wesentliche nicht in den Ereignissen des Lebens selber liegt, nicht in den Dingen, die einem Menschen widerfahren sind, sondern in seinem inneren Verhältnis zu diesen Dingen«.

Die Atmosphäre, die er während seiner Wochenendseminare zu schaffen versucht, ist die einer Gruppe, die ihre Zeit nicht mit Reden verbringt, sondern mit dem Führen von Tagebüchern, mit Meditation. Das Kameradschaftsverhältnis ist da, aber es wird nicht in Gesprächen vergeudet.

Hinter dem Intensiven Tagebuch steckt eine intelligente Selbstschöpfung, die sonst normalerweise durch eine sich lange hinziehende Psychotherapie erreicht wird; es »ist die Erfahrung, daß man seine ganze Aufmerksamkeit auf seine gegenwärtige Lebenssituation konzentriert«.

Man wird nicht umhin können, darüber zu staunen, was diese geschickte Reise nach innen zutage fördert: alle Elemente, die wir dem Dichter, dem Künstler zuschreiben, werden jedermann, allen Gesellschaftsschichten zugänglich.

Progoff enthüllt das Niveau und die Qualität eines jeden Lebens. Die Träume befragen, Gespräche mit verlorenen Eltern oder Weisen führen, meditieren und die schöne Erforschung dessen, was er die »Bilderwelt des Halbdunkels« nennt – all das verleiht jedem einzelnen Leben Poesie, Schönheit, geistigen Inhalt, d.h. Werte, die in unserer Kultur aus Angst vor vermeintlicher Subjektivität völlig fehlen. Man kann auf diese Weise deutlich sehen, wie das Leben geschaffen wird, wie es sich zu einer schönen, zusammenhängenden Geschichte entwickelt. Seine Bedeutung zu erforschen, steigert das Erlebnis. Der Mangel an Selbstsicherheit oder an Selbstachtung verschwindet.

Die Tagebuch-Werkstatt wird zu einem Zufluchtsort, »weil sie eine geschützte Situation schafft, die frei von dem Druck der Welt ist und in der einzelne in Ruhe seine Beziehung zum Leben überprüfen kann«.

Das reiche Material, die Bilder, die Träume zu erleben, die in dieser Situation von Menschen erfahren werden, die nie gewußt haben, daß sie solche inneren Reichtümer besitzen – das heißt jene beschämen, die so hartnäckig daran gearbeitet haben, alles innere Leben zugunsten der Aktivität und der blinden Extrovertiertheit zu zerstören; sie haben dabei eine Kultur geschaffen, die einer Gehirnwäsche niedrigster Qualität seitens der Massenmedien zum Opfer gefallen ist, und sie haben die Massen geschaffen, die nicht selbständig denken und urteilen können und die zu blinden Anhängern korrupter Mächte geworden sind.

»Das Tao des Wachstums«. Das Ich beginnt wie eine Frucht oder eine Pflanze zum Vorschein zu kommen, aber der Mensch erlebt – anders als jene – Hindernisse, traumatische Ereignisse, die sein Wachstum aufhalten. Das Intensive Tagebuch fördert einen Rhythmus, eine Kontinuität, die ihrerseits zu einem natürlichen Fließen wird. Indem man Erlebnisse festhält, wird man vorangetrieben und angespornt, sich zu regen. »Es ist leicht, das physische Wachstum zu erkennen, aber das Wachstum der Persönlichkeit ist innerlich und schwer faßbar.«

Eines der eindrücklichsten Ergebnisse von Ira Progoffs Methode ist die Tatsache, daß jedes Leben an Wert und Reichtum gewinnt. Die »Bilderwelt des Halbdunkels« ermutigt die Phantasie, die bildliche Vergegenwärtigung, die jenseits des Bewußtseins liegt. Was unserer Kultur am meisten fehlt, ist der Sinn für die Bedeutung des Lebens, was zu Hoffnungslosigkeit und Gleichgültigkeit und oftmals zu ernsthafterer Kriminalität führt. Das Wunder des Verstehens und des Zusammenhangs der Zentrierung des eigenen Ich – das ist der Stolz, den dieses Ich gewinnt, das ist sein wiederhergestellter Sinn für die Würde und die Leistungsfähigkeit der Menschen. »Äußere Aktivität, die von innen her angetrieben wird, ist das Wesen der schöpferischen Existenz.«

Indem es vom »Logbuch des Traums«, dem »Logbuch der Bilderwelt des Halbdunkels« über die »Imaginären Ausdehnungen« zum »Dialog der inneren Weisheit« voranschreitet, entfaltet sich das Ich wie ein überraschendes Versteck von lang begrabenen und ungenutzten Schätzen.

Eines der auffallendsten Symbole Progoffs ist die Quelle. Wir gehen so tief in unsere individuellen Quellen hinein, wie wir können, und anstatt uns von der Welt abgeschnitten zu sehen, erreichen wir die Gewässer der Welt, die alle Quellen speisen. »Es ist das Bild von der Quelle, die mit dem Grundstrom verbunden ist.«

Das andere Wunder besteht darin, daß wir, indem wir unser eigenes Verständnis und unsere Selbstschöpfung verstärken, andere besser verstehen und viel einfühlsamer und klüger mit ihnen verkehren. »Jeder von uns muß sein eigenes Dasein durchwandern, aber wenn wir tief genug gegangen sind, merken wir, daß wir unser eigenes Leben durchschritten haben und über es hinausgeschritten sind.« Die Formung eines zusammenhängenden Ich wird zu einer Kraftquelle, mit der man zerstörerischen oder tragischen Erfahrungen und Verlusten begegnet. »Der Schlüssel zur Bilderwelt des Halbdunkels liegt in der Tatsache, daß sie im Dämmerungszustand zwischen Wachen und Schlafen stattfindet. Wir merken, daß wir, indem wir aktiv in diesem Zwischenstadium des Bewußtseins arbeiten, in der Lage sind, Tiefen in uns zu erreichen, die man sonst nur schwer berühren kann.«

Das Faszinierende dieser Methode liegt in der Entdeckung eines Ich, von dem wir nicht wußten, daß es in uns lebt. Es ist ein Abenteuer in unerforschte, unentdeckte Räume. Es wird zu einer Quelle von Kraft, Mut und Stolz. »Unser Schreiben sollte sich so sehr als möglich auf das Wesen unserer Erfahrung richten.« Eines der Hindernisse für diese Reise nach innen ist das fehlende Vertrauen der Menschen in ihre Fähigkeit zu schreiben. Aber Progoff hat das vorausgesehen und erinnert uns daran, daß »das tägliche Logbuch keine literarische Übung ist; es ist eine Lebensübung«.

Niemand hat den Zauber der Romanliteratur untersucht; und niemand hat erkannt – bevor Progoff sein Modell entwickelte – daß unser Leben ebenso interessant werden kann wie jede Biographie oder jeder Roman, den wir mit solchem Interesse lesen. Es hängt nur davon ab, daß wir unser Leben als ein Gleichnis, als eine Erzählung, als die Geschichte eines gewaltigen Dramas verstehen. Diese Erkenntnis muß man in Beziehung zu der Bedeutsamkeit eines jeden Lebens setzen, das sorgfältig untersucht und aufgezeichnet wird. Ein anderer nützlicher Aspekt ist es, daß der kumulative Effekt darin besteht, »unser Leben scharf ins Blickfeld zu rücken, damit wir eine Grundlage haben, um die Entscheidungen zu treffen, die sich im Augenblick aufdrängen.«

Eines der anregendsten Kapitel handelt von den Stufen, den Trittsteinen in unserem Leben. »Die Trittsteine sind die bedeutsamen Markierungspunkte der Bewegung am Wegrand des menschlichen Lebens.«

Progoff betont die Notwendigkeit, jede Zensur und alle Urteile zu beseitigen. Er sieht in ihnen hemmende Faktoren, die von einer engstirnigen Kultur über Gebühr gebraucht wurden und die der spontanen Selbstschöpfung hinderlich sind. Er betont das immer wieder in seinem Buch. Es besteht ein Unterschied zwischen Urteil und Bewertung; die Bewertung ist schöpferisch, das Urteil nicht.

Ein anderer anregender Abschnitt ist »Kreuzungen: eingeschlagene und nicht eingeschlagene Wege«, welcher reichhaltige Quellen der Meditation eröffnet. »Wir gehen den Weg unseres Lebens auf der Suche nach ungenutzten Möglichkeiten zurück.« Die Untersuchung dieser Bewegungen ist unschätzbar, weil, wie Progoff sagt, »es nicht immer leicht ist, die Kreuzwege in unserem Leben zu erkennen, da wir, wenn sie auftauchen, oft gar nicht merken, daß es Kreuzwege sind«.

Das körperliche Ambiente, das die Arbeit umgibt, ist ebenfalls wichtig. Progoff betont vor allen Dingen die Entspannung, sodann die geschlossenen Augen und zuletzt das Schweigen und die Ruhe, die für die Reise nach innen nötig sind.

Sein Modell zu befolgen heißt, alles, was unser Gedächtnis, unser Bewußtsein vernachlässigt haben, neu zu erschaffen und dabei ein Schatzkästlein voller Träume, Gedanken, Erinnerungen und Erfahrungen freizulegen. Unsere extrovertierte Kultur zerstört, indem sie das Bedürfnis nach Intimität mit uns selbst verleugnet, die Möglichkeit der Intimität mit anderen.

Dieses wertvolle Experiment, das den Menschen von neuem erschafft, ermöglicht es dem Menschen unweigerlich, mehr im Leben anderer wahrzunehmen.

Der übermäßige Gebrauch der Psychotherapie rührte von unserem Unvermögen her, Ordnung und Zusammenhang in unserem Leben herzustellen, von der Unfähigkeit, eine intime Kenntnis unseres Selbst zu entwickeln, vom Fehlen eines Ortes, wo wir uns mit unserem maskenlosen Ich vertraulich besprechen könnten. Dieses vertrauliche Gespräch ist lebensnotwendig. Progoff führt uns auf dem Weg zu dieser geistigen Übung.

Nachdem wir gelernt haben, ein vertrauliches Gespräch mit

uns selbst zu führen, treten wir in einen weiten Bereich von Dialogen ein: Einige Dialoge vervollständigen vielleicht Dialoge, die durch einen Todesfall oder durch einen Streit oder durch irgend etwas anderes unterbrochen worden sind; andere finden vielleicht mit einer Person unserer Wahl statt. »Wir tragen in unserem Inneren Spuren von Beziehungen mit, die unerfüllte Möglichkeiten haben.« Wir erfahren von einer unendlichen Zahl von Dialogen: Dialogen mit Menschen, die man durch Tod verloren hat, mit Menschen, die man durch Entfremdung verloren hat, mit Weisen, mit denen, die unser Leben beeinflußt haben.

Der Mangel an Intimität mit sich selbst – und in der Folge mit anderen – ist es, was die einsamsten und die am meisten entfremdeten Menschen auf der Welt geschaffen hat. Progoff beweist letztlich, daß »der Wachstumsprozeß in einem Menschen, der Prozeß, aus dem eine Person entsteht, wesentlich ein innerlicher Prozeß ist«.

Mit diesem Buch kann jedermann lernen, einen Sinn aus seinem Leben herauszulesen. »Jetzt wollen wir still dasitzen. Die Augen sind geschlossen. Unser Atem geht langsamer und langsamer. In dieser Ruhe kehrt sich unsere Aufmerksamkeit nach innen.«

Und wohin führt das? Zur überpersönlichen Bedeutung unseres Daseins. »Wir sind von der rein persönlichen zu der tiefer liegenden Ebene unserer Erfahrung geschritten.« Wir wissen, daß unsere Generation mit der Frage beschäftigt war, »wie wir Zugang zu dem Potential des Wissens, das in unseren Tiefen enthalten ist, gewinnen, wie wir größere Fähigkeiten zu unmittelbarer Intuition und ein erweitertes Bewußtsein erlangen können.«

Die Frage, die ich – als ich nach der Veröffentlichung meiner Tagebücher zu Lesungen eingeladen wurde – nie beantworten konnte, ist von diesem Buch beleuchtet worden: Wie? Wie soll man ein Tagebuch zu führen beginnen, wie soll man es erweitern und entwickeln?

Henry Jaglom, ein Zauberer des Film

Als der Film noch ganz jung war, sagte ihm Antonin Artaud schon voraus, daß es nur ihm gelingen würde, die Träume, die Phantasien, den surrealistischen Aspekt unseres Lebens zu beschreiben. Aber schon bald kam der Film von dieser Zaubermacht ab und wandte sich eindimensionalen Geschichten zu. Nur sehr wenige unternahmen den Versuch, in die tieferen Schichten unserer Lebenserfahrung einzudringen. Dabei war der Film das ideale Medium für unser Innenleben. Wir wissen, wir merken, daß unser Leben eine Mischung von Traum, Wirklichkeit, Illusion, Phantasie, von Einflüssen aus unserer Kindheit und von Wünschen ist. Als ich *A Safe Place* (Ein sicherer Ort) sah, wußte ich, daß dieser Film zu den tieferen Schichten vorzustoßen versuchte und es mit außergewöhnlichem Einfühlungsvermögen und Geschick tat. Ihm gelang eine vollkommene Verschmelzung, das vollkommene Zusammenspiel von Gedächtnis, Traum, Illusion und Wirklichkeit.

Der Drehbuchautor und Regisseur Henry Jaglom vollbringt dieses Kunststück, indem er seine Geschichte vor einem ganz gewöhnlichen Hintergrund aufrollt: der Film spielt im Central Park, in New York und auf den Dächern von New York. Jaglom will damit sagen, daß die zauberhafte Verwandlung der Wirklichkeit durch den Traum überall stattfinden kann. Der Zauberer, der das Kind in der Frau (Noah) so tiefgehend beeinflußt, übt seine Künste im Central Park aus. Ein köstlicher Humor kennzeichnet das Verhältnis des Zauberers zu den Tieren im Zoo. Da gibt es wehmütige Szenen wie etwa die, in der das Mädchen dem jungen Mann das geheime Kästchen zeigt, in dem sie ihren Wunsch aufbewahrt, und er es öffnen will. Das Mädchen weiß, daß es sich, wenn man es öffnen würde, als leer erweisen könnte, so wie die Hände des Zauberer manchmal leer sind. Da ist diese schöne Szene, in der sie in einem Wandschrank vor der luxuriösen und kunstsinnigen Umgebung des jungen Mannes Zuflucht sucht, einer Umgebung, die sie nicht anspricht und in der sie beobachtet, wie Liebe in verschiedenen Augen verschieden zum Ausdruck kommt. In solchen Szenen kommt der Dichter in Jaglom zum Wort.

Das Thema, das den Film wie ein musikalisches Grundmotiv durchzieht und das der vielschichtigen Geschichte Kontinuität verleiht, ist die ständige Rückkehr des Mädchens zum Zauberer, zur wirklichen Beziehung – weil der Zauberer einen Ball zum Fliegen bringen kann. Noah schreckt vor jeder Begegnung mit der Liebe zurück und wendet sich wieder dem Zauberer zu, der für sie Kunststücke vollbrachte, als sie noch ein Kind war. Sie wird von der Erinnerung verfolgt, daß sie damals fähig gewesen sei, auf einem Baum von einem Ast zum anderen zu fliegen. Sie besteht darauf, daß der nüchterne junge Mann, der sie liebt, das glaube. Es ist wichtig, daß er ihr glaubt. Der Symbolismus dessen, was Noah zu erreichen, zu erklären, zu finden versucht, berührt uns tief: Sie sucht eine Dimension im Leben, in der Traum und Wirklichkeit ineinander verschmelzen. Er kann ihr nicht folgen. Alles in diesem Film muß gedeutet werden, wie wir Träume deuten. Eine der großen Verführungen des Films ist die Vollkommenheit seiner Atmosphäre und seiner poetischen Elemente. Die Einfachheit der realistischen Szenen – ein Tisch in einem Terrassenrestaurant, ein Sonnendeck – und die Leichtigkeit, mit der sie von phantastischen Sequenzen abgelöst werden. Der Hunger nach dem Zauberhaften. Noahs Erkenntnis, daß sie nicht wie andere Menschen lieben kann: niemand hat den Schlüssel zu dem verschlossenen Kästchen gefunden, das sie für ihre Mitmenschen ist. Große Bewegtheit, fließende Übergänge, ein sinnliches Verweilen auf Farben, Licht und Gesichtsaudrücken kennzeichnen den Film, der sich auch originell des Schweigens bedient. Die Begleitmusik und der Bilderfluß helfen mit, die Welten, die wir auseinandergehalten haben, wieder miteinander zu verbinden.

Was in unseren Gefühlen stattfindet – die Bilderwelt unserer Träume –, kommt in den meisten Filmen nur selten zum Ausdruck. Wir wissen, daß ihnen die Demensionen fehlen, daß sie hart wie eine Wand sind. Sie wühlen uns nicht auf. Die Tiefen bleiben unberührt. Hier hingegen werden eben diese Tiefen berührt; der Film spricht uns beinahe unbewußt an, er ist der eingefangene Traum. Wir merken, wonach wir eigentlich streben, was wir suchen, was wir finden oder nicht finden können.

Das einzige Versagen des Zauberers ist, daß er nichts verschwinden lassen kann. In der Welt der Kindheitswünsche – dem lustigsten Teil des Films – besuchen die beiden gemeinsam den Zoo. Der Elefant, der Löwe und das Lama verschwinden nicht. Der Zauberer läßt zwar einen Liebhaber verschwinden, aber das ist der Liebhaber, der ohnehin nach jeder Begegnung verschwindet.

Doch der Wunsch, verschwinden zu können, hat das Mädchen ergriffen. Als sie der gespaltenen Liebe begegnet – dem Liebhaber, der nicht liebt, und dem Liebhaber, dessen Liebe sie nicht erwidern kann –, denkt sie daran, zu verschwinden. Der realistische Liebhaber, der erklärt hatte, daß es unmöglich sei zu fliegen, beginnt unter ihrem Einfluß (wie Sancho Pansa im Umgang mit Don Quichotte) schließlich daran zu glauben, daß sie wirklich fliegen kann. Daß sie in den Tod verschwindet, erscheint nur natürlich. Der Zauber hat auf sie zwar nicht gewirkt, aber sie kann wenigstens verschwinden. Die Schauspieler vollbringen außergewöhnliche Leistungen. Sie deuten den Charakter, den sie spielen, sofort an und verleihen ihm Tiefe. Man hat sie von der künstlichen Folgerichtigkeit der Ereignisse und von den Erklärungen befreit – der genauen Chronologie und der Paßidentifikation –, für die andere Filmer eine Vorliebe haben. Dies ist ein impressionistischer Film; ein Schirmbild unseres Seelenlebens, das sofort Einblick in unser geheimes Wesen gewährt. Wer sich darüber ärgert, der hat sich schon immer vor den Tiefen gefürchtet und glaubt – trotz vielen gegenteiligen Beweisen – immer noch daran, daß wir in einer Welt der Vernunft leben. Es ist besser, dem Minotaurus unserer Träume ins Gesicht zu sehen, ihre Zerbrechlichkeit zu erfahren und ein tieferes Verständnis des menschlichen Dilemmas zu gewinnen.

Was unsere Einsamkeit ausmacht – erklärt uns dieser Film –, ist unser Unvermögen, unsere Träume mit anderen zu teilen. Wer diesen Film nicht verstehen will, wird sich – mit anderen – an den sicheren Ort der Nicht-Existenz flüchten.

Ein Liebeslied

Jean Genêts Film *Un Chant d' Amour* (Ein Liebeslied) beweist, daß die wahre Moral in der Ästhetik und nicht in der Natur der Erfahrung liegt. Die Schönheit und Ausdruckskraft dieses Films einer homosexuellen Liebe fängt das wahre Wesen der Liebe ein, weil er ehrlich ist und weil ihm jede Vulgarität fremd

ist. Genêt ist ein Dichter der Erotik, und er hat eine Liebeshymne von einem solchen Stolz und Stil geschaffen, daß sie die Schönheit jeden Verlangens auszudrücken vermag. Die einzige Moral ist die des großen Künstlers, der uns stolz auf unsere Sinnlichkeit machen kann. Er beleidigt die Sinne nie, wie das viele andere Filme durch ihre abstoßende Schwäche oder ihre demütigende Häßlichkeit getan haben. Genêts Film ist ein Film der Männlichkeit. Das ist sein wichtiges Thema. Die Häftlinge könnten beliebige andere Männer sein, und die Gefängniszellen könnten die Zellen sein, die die Gesellschaft zwischen Männern errichtet, um ihrer Liebe zu schaden. Die Männer im Gefängnis sind vitale, von Liebe erfüllte Menschen. Und es ist bezeichnend, daß der Wärter die einzige pervertierte Figur ist: er liebt und begehrt nicht, er ist ein Voyeur – eifersüchtig, neidisch, impotent. Er kann nur bestrafen, was er nicht besitzt. Dies ist der hemmungsloseste Film, den ich je gesehen habe, aber Genêts Vitalität, seine Natürlichkeit und sein ausgeprägter Sinn für das Schöne verleihen ihm eine rituelle, klassische Vornehmheit. Er verwandelt die Erfahrung in eine symbolische Handlung. Durch die Auswahl von Männern, denen Qualität, Vitalität und Intensität eigen ist, will Genêt sagen, daß wir einsperren, was lebendig ist, weil es für die, die es nicht sind, gefährlich ist.
Poesie und Empfindsamkeit prägen die Abfolge symbolischer Handlungen: einen Strohhalm durch die Gefängniswand schieben, den Rauch einer Zigarette als den Atemträger des Verlangens inhalieren, Blumen von Fenster zu Fenster schwenken, nach denen sich gierige Hände vergeblich strecken. Was in anderen Filmen häßliche Schatten wirft, ist eine direkte Folge der spezifischen Haltung und Sehweise des jeweiligen Filmemachers. Der Puritanismus malt in häßlichen Farben. Hier aber wird der Priapustanz des Negers in seiner Zelle – ohne jede Heuchelei gezeigt – zu einem heidnischen Ritual. Der Gegensatz zwischen den zerstörerischen, sadistischen Trieben des Wärters und den primitiven, lyrischen Ausbrüchen der Gefangenen deutet die feine Nuance zwischen Impotenz und Männlichkeit, Leben und Krankheit an. Wenn es von einem Dichter gezeigt wird, der das vollkommene Verlangen als einen Ausdruck des Lebens begreift, so wird das Verlangen nackt wie die Natur – und ebenso unschuldig. Wenn alle Erfahrung durch die Zensur der Kunst passieren könnte, würde diese durchsetzen, wozu das

Gesetz nicht fähig war. Sie würde dem Bedürfnis nach Schönheit Geltung verschaffen. Sie würde lehren, daß das einzige Laster die Häßlichkeit ist, und sie würde uns umgehend von allen Karikaturen der Sexualität befreien, die sich als Erotik ausgeben. Sie würde der Sinnlichkeit ihre Vornehmheit zurückgeben, die in der Qualität und Feinheit des sinnlichen Ausdrucks, in der Feinheit des ungeteilten Ganzen liegt.
Die Zellen werden zu einem tragischen Zaun, der den Mann vom Leben, von der Freude trennt. In der sadistischen Sequenz des Films träumt ein Gefangener von Waldländern, Sonnenlicht und heidnischer Erfüllung, während er von einem Wärter gepeitscht wird. Dem Wärter bleibt nichts anderes übrig, als die Waffe als Ersatzsymbol der Männlichkeit zu schwingen, zu zerstören, weil er unfähig ist zu begehren.

Ingmar Bergman

Die meisten Menschen behaupten, sich im Leben von der Vernunft leiten zu lassen. Die Künstler aber haben uns stets gesagt, daß wir nach irrationalen Trieben handeln.
Wir sind eher geneigt, es zu glauben, wenn ein Mann wie Senator Fulbright erklärt: »Ich weiß, wie wir den Krieg beenden können, aber ich weiß auch, daß Menschen nach irrationalen Trieben handeln.« Unser größtes Bedürfnis muß es sein, diese irrationale Quelle unserer Handlungen zu erforschen – in der Hoffnung, daß wir, indem wir den irrationalen Trieben mutig begegnen, in der Lage sein werden, sie zu verstehen und sie auf intelligente Weise zu kontrollieren. Aber solange wir fortfahren, sie nicht zu beachten und sie zu unterdrücken, werden sie unser Leben ruinieren. Bergman ist einer der furchtlosesten Abenteurer, die sich ins Reich des Irrationalen und zu den Extremen der leidenschaftlichen Erfahrung wagen.
Unsere Kultur hat eine besondere Abneigung gegen die Tragödie und gegen die Gefühlsextreme entwickelt; sie vermeidet es, das Unbewußte zu erforschen und Handlungen zu beschreiben, die nicht intellektuell analysierbar sind. Aber – wie D. H. Lawrence sagte –: die Leidenschaft muß zuerst, die Analyse nachher kommen.

Bergmann gewährt uns Einlaß ins Innerste der leidenschaftlichen Erfahrung.
Die Kritiker ärgern sich über das Geheimnisvolle. Wenn sich ihnen die Bedeutung entzieht, kommen sie sich machtlos vor, aber das Geheimnis ist der Nachweis der geistigen Existenz des Menschen, und der Symbolismus ist die einzige Möglichkeit, sie einzufangen. Diese Sprache will gelernt sein. Doch zuallererst muß man bereit sein, in die Nachtwelt des Unbewußten zu tauchen. Man kann nicht analysieren, solange man empfindet.
John Simon, der Bergman am besten verstanden hat, schreibt in seinem Buch *Ingmar Bergmann directs* (Ingmar Bergmann führt Regie): »Die oberflächliche und weitverbreitete Vorstellung von Bergmann (die vielleicht von solchen unverantwortlichen Kritiken ausgelöst wurde) ist die vom Schöpfer nebelhafter, symbolischer, anspruchsvoller Unergründlichkeiten ...«
Das kommt daher, weil wir Antworten wollen, *bevor* wir das Labyrinth der Reise nach innen betreten haben; wir wollen Schilder und Verkehrssignale. Bergmans Filme haben – wie Simon sagt – ein offenes Ende; sie stoßen auf unbeantwortbare Fragen. Wer hat schon solche Fragen beantwortet wie: Existiert Gott? Gibt es ein Leben nach dem Tod? Wenn die Lösung unserer Probleme die Liebe ist, um welche Liebe handelt es sich dann, und wie kann man sie erreichen? Wenn wir Ruhe in der Arbeit, in der künstlerischen Schöpfung, in der Nähe zur Natur, im Kreise unserer Freunde oder unserer Familie finden können, wie müssen wir vorgehen, um ihrer teilhaftig zu werden?
Bergman suggeriert uns, daß wir gescheit genug sind, um die Erfahrung, der er uns unterzieht, selber weiterzuverfolgen. Er verlangt, daß man sie *erleiden* soll, weil er weiß, daß die Erfahrung, die man nicht mit dem Gefühl, sondern nur mit dem Verstand angeht, einen nicht verändert. Er wendet sich direkt an unser Unbewußtes. Wer bloß analytische Klarheit sucht, bleibt nur Tourist, nur Zuschauer. Daß man Bergman mißversteht, führe ich darauf zurück, daß viele sich als Touristen wohler fühlen und das dunkle Ich – dessen Existenz wir nicht einmal uns selber eingestehen – nicht aufzurühren, nicht zu wecken und zu stören wünschen.
Was uns in der Massengesellschaft ferner fremd ist, ist Bergmans Interesse für den »Kammerfilm«, wie ihn Simon genannt hat. »Der Kammerfilm läßt sich von der Kammermusik ableiten; das bedeutet, daß eine, zwei oder vier Personen eindringlich

ins Blickfeld gerückt werden, daß die Handlung in Raum und Zeit begrenzt und die Geschichte selber durchaus privat ist.«

Sobald wir die außergewöhnliche Bedeutung der Musik für Bergman feststellen, können wir auch besser verstehen, warum er seine Filme als Musikstücke aufgefaßt haben will. Sie sollen uns wie die Musik direkt ansprechen, die Zentren des Gefühls berühren und das analytische Sezieren des Intellekts vermeiden:

Wir müssen uns auf Bergmans Filme anders einstimmen als auf die eindimensionalen Filme.

Da er uns berührt, wie die Musik es tut, kann uns Bergman in einen engen, intimen Kontakt mit seinen Gestalten bringen. In *Schreie und Flüstern* werden wir nie zuvor mit dem Sterbensprozeß vertraut gemacht. Wir lernen die Bedeutung des Mitleids, das die Magd empfindet, gründlich kennen. Nicht einmal die Religion ist je fähig gewesen, es mit so menschlicher Kraft zu verkünden. Kein Heiliger hat eine so tiefempfundene menschliche Liebe zu geben vermocht wie diese Magd. Bergman fordert uns auf, mit ihr zu fühlen und zu träumen. Er sagt uns nicht, wann der Traum beginnt und wann er aufhört. Für ihn sind Leben, Traum und Kunst ein und dasselbe. Ob bewußt oder unbewußt: Wir vermischen sie miteinander in unserem Leben. Die Surrealisten nennen es »Überlagerungen«.

Bergman weigert sich, Grenzen zu ziehen. Er spürt, daß Traum und Handlung, Phantasie und Wahnsinn, Schöpfung und Zerstörung miteinander verwandt sind. Da es seine Aufgabe ist, unser unbewußtes Leben sichtbar zu machen (so sichtbar wie das bewußte), malt er es nicht als gespenstische Erscheinung. Wenn er die vier Schwestern in weißen Kleidern vor einem roten Hintergrund erscheinen läßt, so beschreibt er damit nicht nur die Kleider und den Hintergrund der Zeit realistisch, sondern er gibt zu verstehen, daß sie einander – trotz ihrer scheinbaren Verwandtschaft – völlig fremd sind. Die Einheit der Familie ist eine Illusion. Die sterbende Schwester träumte davon, daß sie alle als Schwestern ineinander aufgehen, daß sie miteinander kommunizieren und die Zerstörungskraft des Todes dadurch überwinden würden. Ihr Traum sollte sich nicht verwirklichen, aber die unterschwellige Botschaft gilt uns: Einzig Liebe und Gemeinschaft hätten die Vernichtungsmacht des Todes besiegen können. Zwei der Schwestern scheinen zunächst die Schranken überwinden zu können; sie

reden und weinen miteinander und scheinen zu einer Vertrautheit zu finden, aber dann schließt eine von ihnen beim Weggehen die Türe zu dieser Vertrautheit völlig zu und zerstört sie mit ihrem Spott.
Das Geheimnis ist da, und Bergman fordert uns auf, es zu bedenken. Wenn wir lange genug darüber nachgedacht haben, werden wir damit beginnen, es schöpferisch zu enträtseln. Das Geheimnis besteht zum Teil darin, daß uns Bergman an der Geburt teilnehmen läßt – an der Geburt eines Films wie an der eines Charakters. In *Persona* zeigt er zu Beginn eine geheimnisvolle Bilderfolge, die an die schnelle Lebensrückschau erinnert, die wir im Augenblick des Todes machen. Er versetzt uns in die Person des Filmregisseurs, der sich erinnert, der denkt: er führt uns vor, wie ein Film entsteht, weil sein Film zu einer Stunde von Kunst und Leben, einer Untersuchung des Gegensatzes zwischen Illusion und Wirklichkeit wird.
Ich bin nicht hierhergekommen, um Bergmans Charaktere zu analysieren oder sie zu enträtseln. Ich bin gekommen, um Sie zu bitten, sie so aufzunehmen, wie er es von Ihnen erwartet. Für ihn sind sie Ausdruck seiner Träume. Er ehrt Ihre Intelligenz, indem er Ihnen die Interpretation überläßt.
Er hat sich vorgenommen, die Bücher des Lebens vor allem an Frauen darzustellen: Schwangerschaft, Vergewaltigung, Hysterie, Vorahnung, Entfremdung, Lieblosigkeit, Leidenschaft, Frustration. Frauen identifizieren sich leicht mit Bergmans Frauen. Er hat sie alle porträtiert. War er sich bewußt, daß der zu Unrecht geschmähte Freud der Meinung war, Frauen seien in einem engeren Kontakt mit ihrem Unterbewußten geblieben als die Männer? Sie erkennen ihre Zwangsvorstellungen, ihre Wunschträume, ihre sexuellen Frustrationen, ihre zwiespältigen Gefühle, ihre Opfer, ihren Masochismus.
Bergman respektiert die Schatten. Er schenkt uns die intensiven Erfahrungen, die andere nicht anfassen, wie zum Beispiel die Demütigungen, die Menschen einander zufügen, die Unterdrückung, die versteckten Grausamkeiten, die Gespaltenheit.
Die große Schönheit von Bergmans Filmen liegt in seiner Bereitschaft, bis ans äußerste Ende des Gefühls zu gehen. Er berührt den Grund.
Er behandelt nichts leichtfertig, nicht einmal die sinnlichen Schäkereien. Man vergleiche *Das Lächeln einer Sommernacht*

mit Max Ophüls' *Der Reigen. Der Reigen* ist mit seinem Charme und seinem Schwung wie eine Karussellfahrt.

John Simon berichtet, daß Bergmann während der Dreharbeiten zu *Persona* Jung gelesen habe. Er mag von ihm dazu inspiriert worden sein, die Rollen zu studieren, die Menschen spielen, um andere zu täuschen und um die Erwartungen des eigenen bewußten Ich zu erfüllen.

Bergman hat den unendlichen feinen Austausch, das Aufgehen und das Untergehen einer Persönlichkeit in einer anderen, die Projektionen und Identifikationen des öfteren beschrieben. In *Persona* konzentriert er sich auf diesen Seelentausch und auf die Identitätsverwechslung. Er vertieft sich ins Motiv des Rückzugs und des mißlungenen Austausches. Er sagt uns nicht, ob die Frauen ihre Seelen getauscht haben, ob die Schauspielerin ihr Geh- und Redevermögen wiedergewinnt, ob die Krankenschwester gelernt hat, daß man andere nicht durch Liebe retten kann. Bergman strebt nicht nach endgültigen Antworten. Er betritt das Labyrinth, er legt die geheimnisvollen Einflüsse frei, die tiefen Schichten des Zorns und des Zweifels, die Sehnsüchte, Ängste und Bedürfnisse. Er führt uns ein schwer faßbares Seelendrama personifiziert vor.

Wir werden uns dadurch zum ersten Mal der tödlichen Absicht des Schweigens, der Dringlichkeit des Liebesanspruchs bewußt.

In welchen anderen Filmen sind wir mit dem konfrontiert worden, was Simon den Gegensatz von Schein und Sein, Kunst und Leben, Illusion und Wirklichkeit, Krankheit und Gesundheit, Lügen und Wahrheiten, Verbergen und Entdecken, Sein und Nicht-Sein, Schöpfung und Zerstörung, Leben und Tod genannt hat?

Eines der wichtigsten Ziele der Psychoanalyse ist kein intellektueller Vorgang: sie fordert uns auf, verdrängte Erfahrungen wiederzuerleben und gefühlsmäßig zu wiederholen, was zu fühlen wir versäumt haben. Es ist die gefühlsmäßige – nicht analytische – Reise, die uns von den heimlichen Ätzungen heilt. Bergmans Filme verfolgen diese Absicht. Wir sollten die Gefühlsreise in weitgehend unerforschte Reiche bejahen, in all das, was zu fühlen, zu sagen, zu tun, im Leben zu ergreifen wir nicht gewagt haben. Es ist dies eine Reise durch dunkle Gegenden. Aber sie sollte in uns die unbekannten Elemente unseres Wesens aufrühren. Nur wenige von uns erfahren die

Extreme der Liebe, der Besessenheit, Grausamkeit, Entfremdung, Eifersucht und Selbstzerstörung. Die seelische, unsichtbare Welt, die sichtbar gemacht worden ist, muß uns unweigerlich erschüttern; Jung hat sie unseren Schatten genannt. Bergmann führt uns den Schatten unseres Ich vor, das wir nicht zur Kenntnis nehmen wollen. Wir sollten ihm wenigstens erlauben, in seinen Filmen zu leben, und wir sollten anerkennen, wie sehr uns diese Filme bereichert und verändert haben.

Denn wer unsere Träume sichtbar und hörbar macht, den erhellt Dunkles und hilft uns, Herr unseres unbewußten Lebens zu werden.

Verzauberte Orte

Fes, die Labyrinthstadt

Fes ist zur Freude unserer fünf Sinne erbaut worden. Mein erster Eindruck ist der angenehme Duft der Zedernholzmöbel im Hotel Palais Jamali, ein Duft, der in dem Souk, der Marktgasse, inmitten des geschäftigen Treibens der Tischler wieder auftaucht. Die Farben von Fes sind in meinem Zimmer schon vorhanden: blaue Fliesen, ein Kupfertablett, kupferfarbene Vorhänge. Als ich sie aufmache, liegt die Stadt vor meinen Augen ausgebreitet. Die erdfarbenen Häuser schmiegen sich aneinander, folgen den Windungen der Hügel, kreisen hie und da eine Moschee mit ihrem Minarett aus grünglasierten Kacheln ein, die in der untergehenden Sonne glänzen. Auf den Terrassen hängt, was ich zunächst für wuchenernde Bougainvillea hielt und was sich als gefärbte Tierhaut und Wolle entpuppte, die in der Sonne trocknen und über den Mauern und Wällen der Stadt wie leuchtend rote Reben hängen.

Die Minarette sind zahlreiche (an die dreihundert), eins für jedes Viertel. Sie strahlen Schutz und Geborgenheit aus, die für die islamische Religion so chrakteristisch sind. Fes liegt in großer Ruhe da. Es ist eine Stadt der Stille, die mich mehr und mehr an Bibelillustrationen erinnert. Die in ihre verschiedenfarbigen Djellabas gehüllten Gestalten machen ein Geheimnis aus ihrem Alter und ihrem Gewicht. Sie könnten von einem Kind, das nie zu zeichnen gelernt hat, gemalt werden: Farbflekke in der Landschaft, vom Winde getrieben; *Item*, Schleier, verhüllen die Gesichter der Frauen, Burnusse verdecken die Gesichter der Männer. Ein Leben, das nach innerer Vollkommenheit strebt, dessen Dynamik in der Handfertigkeit, in der unglaublichen schöpferischen Tätigkeit der Hände begründet ist.

Das Hotel liegt hoch über Fes, weil es einmal der Palast des Wesirs war, der von seiner Terrasse aus die ganze Stadt überblicken konnte. Ein neues Hotel ist am alten angebaut worden, aber man kann das alte besichtigen. Einer der Räume hat eine mit Gold eingelegte Decke. Im Garten befindet sich das Gemach der Geliebten. Es hat dicke, rosafarbene und rote

Teppiche wie die Blumenteppiche persischer Märchen, ein üppiges dunkles Bett mit einem muschelförmigen Kopfbrett, das mit Kupfer und Perlmutter verziert ist und nach Zedernholz duftet, Kupferlampen, deren zahllose Augen ein sanftes Juwelenlicht werfen, viele Kissen aus Damast und Seide, niedrige Diwane, Verzierungen, die aus liebevoll geschnitztem Holz, aus Stukkaturen und exakt gearbeiteten Wandplatten bestehen. Ein großer und breiter Schrank aus Zedernholz hat einmal die Juwelen der Geliebten aufbewahrt.

Da die Souks von Fes ein wahrer Irrgarten sind, ist ein Fremdenführer nötig. Nur wer in dieser alten Stadt geboren ist, kennt sich hier aus. Die Straßen wurden ursprünglich eng gebaut, um Kühle vor der erbarmungslosen Sonne zu spenden. Einige Straßen aus dem 9. Jahrhundert sind nur etwa anderthalb Meter breit. Sobald man den Hotelhof mit dem hübschen, hochgewachsenen Femdenführer verläßt (der eine braune, wollene Djellaba und helle, kanariengelbe *babouches*, d. h. leichte Straßenschuhe, trägt), betritt man die Medina, die arabische Altstadt. Dieses Labyrinth ist schön, weil es eine Welt der Kunst und des Kunsthandwerks eröffnet und die fünf Sinne auf Schritt und Tritt anspricht. In jeder noch so kleinen Boutique (sie sind manchmal kaum größer als zweieinhalb auf zweieinhalb Meter) wird ein Handwerk ausgeübt. Männer nähen die bestickten Frauenkaftane mit ihren goldenen Tressen, verzierten Enden und ihren Borten aus farbigen Zechinen. Die durchsichtigen Kleider aus Chiffon und Gaze, die die Tänzerinnen tragen, glänzen wie Kleinode; sie hängen vor den Boutiquen und gleichen den Fahnen exotischer Stämme. Ein Mann in einer blauen Djellaba und einem weißen Käppchen formt die verschiedenfarbigen *babouches*, die aus dem Leder gemacht werden, das wir an den Mauern und Terrassen von Fes trocknen sahen.

Farben dringen mir ins Bewußtsein wie nie zuvor: eine himmelblaue Djellaba mit einem schwarzen Gesichtsschleier, eine perlgraue Djellaba mit einem gelben Schleier, eine schwarze Djellaba mit einem roten Schleier, eine grellrosa Djellaba mit einem purpurnen Schleier. Die Kleider verbergen den Körper; er bleibt unergründlich, und die ganze Intensität und Ausdruckskraft konzentriert sich in den Augen. Die Augen sprechen für den Körper, für das Selbst, für das Alter und übermitteln unzählige Botschaften aus ihrem tiefen und reichen Leben.

Nach den Farben und dem anmutigen Schwung der Gewänder,

nach dem Flattern, der Bewegung, dem Wehen der losen Kleider kommen die Gerüche. Ein Stand verkauft Sandelholz aus Indonesien und von den Philippinen. Es ruht in riesigen runden Körben und wird nach dem Gewicht verkauft, weil es ein wertvolles Luxusholz ist, das als wohlriechendes Räucherwerk verbrannt wird. An den Wänden der Verkaufsnische sind kleine Flaschen mit Blumenessenzen aufgestellt: Jasmin, Rosen, Jelängerjelieber und das Rosenwasser, mit dem man die Gäste parfümiert. In denselben Körben liegen die Hennablätter, die die Frauen auspressen und für Haare, Hände und Füße verwenden. Von den Reichen wird Henna als Flüssigkeit erworben. Und da ist auch der berühmte *kohl*, der Staub des Antimons, der den Frauen einen so sanften, schillernden, rauchigen Glanz um die Augen verleiht.
Der Duft von Früchten, von Parfüms und der Geruch von Leder vermischen sich mit dem Geruch von nasser Wolle, die vor den Läden zum Trocknen hängt: goldfarbene Bettdecken, die wie Flaggen im Winde wehen, Teppiche aus Schafwolle, die beliebten kirschroten Wolldecken und die rosafarbenen Teppiche, die wie Felder voller Gänseblümchen, Lilien und Apfelblüten aussehen. Blau ist die Symbolfarbe von Fes – ein Himmelblau, ein durchsichtiges Blau, das einzige Blau, das das schon lange vergessene und einmal so beliebte Dichterwort in Erinnerung ruft: Azur. Fes ist Azurblau. Man entdeckt das Wort »Azur« wieder.
Der Zederndurft wird stärker. Wir befinden uns nun im Viertel der Tischler. Die Werkstatt ist geräumig und hoch genug, damit die Holzbalken, die von Eseln transportiert werden, zu Tischen, Stühlen und Truhen verarbeitet werden können. Das Holz ist hell, und die Tischler arbeiten mit Sorgfalt und Geschick. Das Einlegen von Perlmutter ist ein seltenes Handwerk. Zwei Mitglieder der berühmten Familie, die als einzige das Kunstgeheimnis besitzt, bringen es Kindern bei. Ich schaue ihnen in einem Flügel des Museums zu, wie sie Stücke, die kleiner als ein halber Zentimeter sind, anfertigen und auf einem geschnitzten Rosenholzkästchen passend anbringen. Es ist kein Kunsthandwerk, das man in den Touristen-Basaren findet. Hände bei einer so feinen Arbeit zu beobachten, heißt, den Charakter des Marokkaners zu begreifen: die Geduld, die Zeitlosigkeit, die Sorgfalt, die Hingabe.
Und nun sind wir in der Straße der Gewürze. Sie sehen schön

aus in ihren Körben – wie die aneinandergereihten Farbpulver eines Malers. Da ist der rotgoldene Safran, die silbernen Kräuter, der scharlachrote Pfeffer, der sepiafarbene Zimt, der ockergelbe Ingwer, der gelbe Curry. Die Gerüche umgeben uns, hüllen uns ein, betäuben uns. Man ist versucht, die ganze Hand in die pulvrigen Farben zu tauchen. Später finden diese Kräuter und Gewürze raffiniert Verwendung in der einheimischen Küche.
Der Marokkaner kann auf kleinem Raum arbeiten, weil er die Kunst der Ruhe beherrscht; er konzentriert sich auf seine Arbeit und rührt sich nicht. Er kennt keine Rastlosigkeit. Er entwirrt die Seidenfäden, rollt die Seide auf Spulen auf, knüpft und flicht Gürtel. Aber gerade als man in einem Traum von Seide, Musselin und Stickerei zu schweben beginnt, wird man von den hundert Hammerschlägen der Kupferschmiede aufgeschreckt. Kupfertablette, Spiegel mit Kupferrahmen, Leuchter, Teekannen werden mit Stichel und Hammer geformt. Die Männer halten die großen Tablette zwischen den Knien. Der älteste und beste Künstler arbeitet mit unendlicher Präzision nach Mustern aus berühmten Moscheen. Seine Platten glänzen wie Gold, und die Muster öffnen sich, blühen, breiten sich aus und vermehren sich wie die trunkene Natur. Und im Hintergrund sind immer Kinder und junge Männer, die das Handwerk erlernen.
Auf das Getöse der Kupferschmieden, der Hammerschläge, folgt eine andere Art von Lärm. Er rührt von der Herstellung von Zinnsachen, eisernen Waschzubern, Kochtöpfen und Bratpfannen her.
Der Friseurladen ist eine geheimnisvolle Höhle mit vier riesigen thronähnlichen Sesseln, die den ganzen Raum einnehmen. Der Friseur war früher auch der Beschneider und manchmal auch der Wundarzt des Ortes.
Kinder gehen vorbei. Sie kichern und rennen und tragen Tablette mit Teig zum Gemeindeofen. Jedes Viertel hat seine eigene Moschee, seinen Brunnen, seine Schule, seinen Hammam, d. h. das Bad, und seinen Backofen. Die fünf- oder sechsjährigen Mädchen tragen den Säugling der Familie in Schals auf dem Rücken. Sie bringen es fertig, neben all ihren Pflichten auch noch zu spielen.
Ein kleiner Stand verkauft Zuckerlaibe (das Geschenk, das man mitbringt, wenn man zum Nachtessen eingeladen wird), Zuk-

ker für den Pfefferminztee und für das süße, luftige und leichte Gebäck, das dort gebacken wird.
Zwei Frauen in goldenen und silbrigen Kaftanen gehen vorbei auf ihrem Weg zu einer Einladung oder einer Hochzeit.
Der einzige Anblick, den ich gegenüber meinem früheren Besuch vor vielen Jahren vermisse, sind die hübschen Reiter in vollem Putz, mit weißen Burnussen, roter Pferderüstung und goldenen Dolchen in ihren Gürteln. Die reichen Familien der Scheichs sind nach Casablanca gezogen. Deshalb sehe ich jetzt nur Esel und Maultiere, die mit Brennholz, trockenen Tierhäuten, Möbeln, Früchten und Abfall, Stoffballen, Kartoffelsäcken und Backsteinen beladen sind. Wenn sie mit einem Warnruf daherkommen, muß man sich gegen die Mauer drücken.
Nun gelangen wir in den Souk der Färber. Die ganze krumme, sich windende Straße mit dem Kopfsteinpflaster gehört ihnen, und unser Fuß entdeckt zuerst einen Bach von Farbwasser, das sich aus den übervollen Fässern ergießt. Der Fremdenführer sagt: »Macht nichts. Ihre Schuhe werden schön gefärbt.« In jedem dunklen, höhlenartigen Laden befinden sich Kessel mit verschiedenen Farben. Die Männer tauchen die Wolle und die Seide ein und wringen sie dann aus, bis sie trocken sind. Ihre Beine sind nackt, und sowohl Beine wie Hände haben die Farbe angenommen, mit der sie arbeiten. Kinder schauen zu, lernen und helfen, wenn sie können.
Ich werfe einen diskreten Blick in eine Moschee und erblicke einen prächtigen, blutroten Teppich, ein Geschenk des Königs. Es gibt einen separaten Gebetssaal für die Frauen. Die Gläubigen waschen Gesicht und Füße an Brunnen, bevor sie eintreten.
Moscheen, Märkte, Souks, Schulen und Bäder sind ineinander verschlungen und vermitteln ein Gefühl gemeinsamen Lebens und geteilter Intimität. Jeder Handel wird öffentlich ausgetragen. Wenn ich an den Schulen vorbeigehe, höre ich, wie Kinder im Chor aus dem Koran rezitieren, mit dem sie in frühester Kindheit in Berührung kommen. Hölzerne Gitterfenster schirmen sie gegen die Straße ab, aber einige kommen zur Tür, um uns zuzulächeln. Die Verse auswendigzulernen, ist schwer, und die Disziplin ist streng.
Es gibt keine Schulen für Frauen, aber sie erlernen ihr Handwerk von den geschickten Arbeitern, die ihnen dienen: Schneidern, Sticken, Malen, Töpfern, Weben. Ihr Können beschränkt

sich nicht auf den Haushalt. In früheren Zeiten zeichneten sich die Frauen in Dichtkunst, Philosophie und Musik aus.
Es ist unvermeidlich, daß man vom Teppichhändler zu einer Tasse Pfefferminztee eingeladen wird, um einen Blick auf seine Teppiche zu werfen. Sie sind auf dem Boden eines alten Palastes ausgebreitet, der jetzt als Teppichlager dient. Man lernt die Fes-Muster von denen des Berbers unterscheiden. Der Fes erinnert an die blumigen, komplizierten persischen Muster, wohingegen die Berberteppiche aus Naturwolle in der Einfachheit ihrer strengen, abstrakten Dessins und der reinen Farben an amerikanische Indianerteppiche erinnern.
Die alten Herbergen oder *fondouks* stehen noch immer da wie im Mittelalter. Esel und Kamele ruhen im Hof, während die Händler aus anderen Städten in den Zellen um den Hof herum schlafen, eingehüllt in ihre Burnusse. Aber man hat viele dieser Gasthäuser den Handwerkern und Künstlern überlassen. Eines ist voller Schaffelle, die in Lauge gelegt werden, damit die Wolle leichter gewonnen werden kann.
Ein mächtiges, reich geschnitztes Tor aus Zedernholz mit einem schweren silbernen Schloß und einem baumlangen Riegel verrät ein wohlhabendes Haus.
In einem dunklen Lager unterhalten Männer das Feuer für den Hammam: sie werfen übriggebliebene Späne oder Bündel von wohlriechendem Eukalyptus in die Heizkessel.
Körbe mit Minze werden in Hülle und Fülle verkauft, manchmal von einer einsamen alten Frau. Als ich in einem ganz kleinen und dunklen Café einkehre, sehe ich den Samowar und kann das Ritual des Teekochens beobachten. Ich sitze auf einer einfachen, harten Bank, und der Knabe, der die Pfefferminzblätter in die Teekanne pressen muß, bringt einen winzigen Schemel für die Gläser.
Der hohe, rote Hut mit der schwarzen Quaste, den die Marokkaner so gern tragen, stammt ursprünglich aus der Türkei. Die Einheimischen nennen ihn *tarbouche*, die Touristen Fes.
Einem Händler, der unablässig ins Innere seines Antiquitätengeschäfts zeigt, sage ich: »Ich mache keine Einkäufe. Ich schreibe über Fes.« Er verneigt sich und antwortet in blumigem Französisch: »Kommen Sie herein und ergötzen Sie Ihre Augen.«
Ein Ergötzen für alle fünf Sinne!
Einzig der starke, stechende Geruch des Gerbens ist unange-

nehm. Die Gerber haben einen ganzen Platz in der Stadt in Beschlag genommen. Ihre riesigen Fässer enthalten eine zementfarbene Flüssigkeit. Die Männer arbeiten halbnackt und bearbeiten die Häute mit Haken. Acht oder zehn Fässer werden gleichzeitig bedient, und die Felle werden an den Mauern zum Trocknen aufgehängt.
Da ich weiß, daß Fes – eine der vier »Königsstädte« Marokkos – in der Antike ein religiöses und kulturelles Zentrum war, möchte ich die Bibliothek der Karauin-Universität besuchen, die echte arabische Manuskripte beherbergt. Für den Besuch wird mir ein Führer namens Ali zugeteilt. Er ist groß, hübsch, schwarzhaarig, hat eine olivfarbene Haut und spricht ein schönes Französisch. Er trägt die übliche braune Djellaba und die spitzen gelben Straßenschuhe. Ich kenne die arabische Vorliebe für Poesie, den Kult des gesprochenen Wortes, die Begabung, Geschichten zu erzählen. Ali versetzt mich, indem er Koranverse und Omar Khayyams Gedichte aufsagt, ins Jahr 900 zurück. Ihm liegt die Erhaltung von Fes sehr am Herzen. Er zeigt mir die feinen Studentenwohnungen, die von der Akademie der Schönen Künste restauriert und eröffnet wurden. Aber er zeigt mir auch Wohnungen, die dem Abbruch geweiht sind, weil sie niemand reparieren will. Ihre traurigen, einfachen Holzriegel sind zugeschoben. Ali zeigt mir auch den verlassenen Brunnen, dessen Keramikornamente teilweise verwittert sind. Er macht mir Angst, daß dieser schöne Anblick aus früheren Jahrhunderten wie ein Traum aus *Tausendundeiner Nacht* aus Sorglosigkeit oder Gleichgültigkeit verschwinden könnte. Er möchte, daß das großzügige Amerika (das Amerika, das Versailles wiederaufgebaut hat) eingreift und die geschnitzten Zedernbalken, die feinen Bodenplatten, die Spitzenmuster der Stukkaturen, die zierlichen Arkaden rettet. In einer Pause zwischen seiner Hymne auf die Schönheit von Fes – das so viel kultivierter, intellektueller, inspirierter ist als andere Städte – und seiner Hymne auf dessen geschickte Handwerker sagt Ali Verse von Omar Khayyam auf:

Sie! Die wir liebten – die schönsten und die besten,
Die Zeit und Schicksal je aus ihrer Ernte preßten –,
Haben heimlich ihren Becher schon getrunken;
Nacheinander sind sie nun zur Ruh gesunken.

Er macht mich auf die Zerbrechlichkeit von Fes aufmerksam. Er sagt, daß wir es uns gut ansehen sollten, bevor es verschwindet, daß wir die unzähligen Handbewegungen der Handwerker lernen sollten, ihre Geduld, ihre Freude daran, jeden Stein, jedes Stück Holz, jede Stukkatur in einen schönen Gegenstand zu verwandeln. Ich beklage mit ihm das verwitterte Holz, die zerbrochenen Kacheln, die vernachlässigten Paläste, die der Zeit anheimgegeben sind. Ich beklage den gefällten Feigenbaum auf dem Platz vor der Bibliothek, wo die Studenten ehemals zusammenkamen, um zu diskutieren, um ihre Gedichte vorzulesen und sie an den Baum zu heften, damit die Passanten sie beurteilen konnten.

Der Schatz der Bibliothek – die schön gemalten Manuskripte – bleibt mir verborgen, aber Ali ist der leibhafte Sprecher all dessen, was ich über Fes gelesen habe. Seine sanft modulierende Stimme kommt aus der intellektuellen und literarischen Vergangenheit des leuchtenden Fes.

Er erinnert mich an einen Märchenerzähler, den ich vor Jahren in Fes gesehen habe. Ali sagt, er werde im Winter wohl nicht da sein. Der Platz, wo die Schwertschlucker, Wasserträger, Teppichverkäufer, Tänzer, Akrobaten und Märchenerzähler sich versammeln, sei zu kalt und kein Ort zum Verweilen. Aber ich bin eigensinnig und gehe zum Platz an einem Freitag, dem islamischen Feiertag. Obwohl nur fünfzig oder hundert Besucher da sind, entdecke ich meinen Märchenerzähler mitten in einer aufmerksamen, entzückten Zuhörerschaft aller Altersgruppen. Die Menschen kauern auf der Erde und sind völlig versunken; ihre Aufmerksamkeit läßt keinen Augenblick nach. Der Märchenerzähler ist jung. Er trägt eine schwere, schwarzweißgestreifte wollene Djellaba und ein weißes Käppchen; in der Hand hält er einen Stock, mit dem er seinen Worten Nachdruck verleiht. Er hat riesige, leuchtende Augen, eine dunkle Haut und ebenmäßige Züge. Er erzählt die Geschichte von Ali Baba mit dramatischer Akzentuierung, spannungsgeladenen Pausen und in einem fließenden, beschwörenden Stil.

Weil Ali die ephemere Schönheit von Fes und die Möglichkeit, daß sie vergehen könnte, so betont hat, und weil ich ständig das Gefühl habe, von – und in – früheren Jahrhunderten zu träumen, strenge ich mich noch mehr an, diesen Traum wenigstens während meines Aufenthaltes zu bewahren. Ich sehe die Kacheln, die zu kleinen Mosaikstücken zerbrochen

werden, ich sehe die leichte und klare Luft, ich sehe die alten Schutzwälle, die Stadtmauern, die mit einer grünen Patina aus Flechten und Moos bedeckt sind. Das Geheimnis von Fes ist seine Gelassenheit. Sie kommt in seiner nächtlichen Stille zum Ausdruck, in den seltenen Lichtern, in den Tamarisken, die nie zerzaust sind; sie kommt in den Figuren im Wind zum Ausdruck, in deren Cézanne-Blau, Dufy-Rosa, Perlweiß und Rabenschwarz. Das Geheimnis von Fes geht mir morgens um halb sechs auf, da ich vom Muezzin, der vom Minarett herab zum Gebet ruft, geweckt werde. Dieses Gebet wird fünf Mal am Tag gesungen; es klingt wie eine Klage und wie eine Anrufung zugleich, wie eine Tröstung und wie eine lyrische Danksagung. Um halb sechs am Morgen nimmt es eine besondere Ausprägung an – die eines einsamen Glaubens, der die schlafende Stadt beschützt. Es ist ein Gebet, das zugleich auch ein Aufruf ist, da alle die wunderbaren, dynamischen, flinken und feinen Hände weckt, die nie still oder faul sind und nur beim Gebet ruhen.
Ali erzählt mir die Sage vom Namen der Stadt Fes. Sie geht auf den demokratischen Geist ihres Gründers, Idriss II., zurück. Als man den Ort ausgewählt hatte und zu bauen anfing, nahm der König eine Hacke und gab das Zeichen zum Steinebrechen. Das Wort für Hacke ist Fes. Bei späteren Ausgrabungen wurde eine goldene Hacke gefunden, von der man annimmt, daß sie dem Gründer als Symbol geschenkt worden ist. Äußert man Zweifel an dieser Sage, so antworten die Museumswärter meist mit Schweigen, weil die Legenden ebenso geachtet werden wie die Tatsachen.
Ali begnügt sich nicht damit, Omar Khayyam und den Koran zu zitieren, sondern er trägt seine eigenen Gedichte auf die Schönheit von Fes vor. Sie zählen die Bäume (Araukarie, Ingwer, Bambus, Dattel, Schuppentanne) und die Früchte und Blumen von Fes auf.
Er entwickelt eigene Theorien über die Besucher. Sie sollten nicht als Touristen behandelt werden. Sie sollten als Freunde zu Hochzeiten, Begräbnissen, Geburtstagen und Feiertagen eingeladen werden.
Deshalb nehme ich die Einladung des Kellners im Palais Jamai an, der sagt, seine Frau möchte ein richtiges Kuskus für mich zubereiten. Wir gehen zu einem winzigen Haus, steigen eine winzige Treppe hoch und entdecken sie auf der Terrasse, wo sie in einer winzigen Küche kocht. Sie ist schön und hat große

Augen und ein edles Profil. Sie hat den ganzen Tag gekocht. Ich sitze im Wohnzimmer mit den niedrigen Diwanen entlang der Wand und dem runden Kupfertisch in der Mitte. An den Wänden hängen die blauen Töpfereien von Fes. Gebäck in der Form der gewölbten Zinnschüsseln, die in den Souks – wie ich sah – gemacht werden, wird hereingetragen. Die Schwiegermutter ist auf Besuch. Sie kommt aus dem Norden. Keine der Frauen spricht Französisch, aber es gelingt uns, Freundlichkeit auszustrahlen, und ich gebe zu verstehen, wie sehr mir das Kuskus gefällt. Es ist wirklich vorzüglich: ein Berg von safrangelber Hirse, bedeckt mit Gemüse, Huhn und Rosinen. Wir essen alle aus derselben Schüssel. Die Hände der Mutter sind mit Henna gefärbt, und ich merke, daß sie nicht ißt. Als ich Monsieur Lahlou nach dem Grund frage, erklärt er, daß sie nicht mit Löffel und Gabel essen kann. Ich antworte, daß wir die Unbeholfenen sind, da wir nicht wissen, wie man mit den Händen ißt. Daraufhin ißt die Mutter geschickt und sauber, indem sie die Hirse zu Kügelchen rollt. Die Mahlzeit endet mit einer großen, süßen Apfelsine, die der Gastgeber schält und mit allen teilt. Und – selbstverständlich – mit Pfefferminztee.

Als ich aufbreche, holt der Gastgeber die blauen Töpfereien von der Wand und schenkt sie mir. Er erklärt, daß die Touristen nicht empfangen werden, wie es sich gehört. Das altehrwürdige Ideal der Gastfreundschaft wird noch immer hochgehalten. Gastfreundschaft ist heilig unter den islamischen Völkern.

An diesem windstillen Tag kann man den Rauch von den Gemeindeöfen (einen reinen, weißen Rauch) vom Hotelfenster aus sehen. Und an solchen Tagen leuchten die fünf goldenen Kugeln auf der Spitze der Minarette, die die fünf Gebete symbolisieren, wie Sonnen.

Als zwei kleine Jungen in den Souks in Streit geraten und zornig miteinander ringen, trennt sie Mustafa, der Fremdenführer, nicht nur, sondern er besteht darauf, daß jeder das Haar des anderen küsse. Auch die Männer begrüßen sich mit einem solchen Kuß, wenn sie einander in den Cafés treffen, und spazieren, während sie reden, Hand in Hand in den Straßen. Das ganze Leben strahlt eine brüderliche Zärtlichkeit aus.

»Doch als die Tausendunderste Nacht anbrach, sprach ihre Schwester Dinazâd zu ihr ...«

Marokko

Im Club Méditerranée in Moorea waren wir wirklich auf Tahiti gewesen. Aber im Club in Agadir von Marokko sind wir eher in einer französischen Pension. Araber sind nicht zugelassen. Agadir ist seit dem Erdbeben, das es verwüstete, ganz neu aufgebaut. Der Leiter des Feriendorfes stammt aus einem französischen Vorort. Der Fluch des Rock 'n' Rolls beschränkt sich nicht nur auf das Schwimmbecken und den Eßsaal, da man die Lautsprecher bis an die Dorfgrenzen herangetragen hat, damit sie jede Hütte erreichen. Der Baustil ist marokkanisch, aber das ist auch alles. Das Schwimmbecken ist wie ein Schwimmbecken in Paris oder auf Long Island, der Rock 'n' Roll verdirbt einem die Mahlzeiten. Das Meer ist eiskalt. Die einzige Lösung heißt: herumreisen, Ausflüge unternehmen – und dann ist es wunderbar. Wir fahren früh in einem Land-Rover ab; ein französischer Student begleitet uns als Reiseführer. Wir fahren zum Atlas-Gebirge im Süden Marokkos, zu einsamen Bergstädten, deren Häuser aus roter Erde gebaut sind. Wir fahren durch Berge und Ebenen und durch Sanddünen; oft gibt es gar keine Straßen. Nach Stunden in Staub, trockener Luft und äußerster Hitze werden wir schrecklich durstig, und jetzt verstehen wir die besondere Schönheit einer Oase. Das Grün, die Früchte, der Schatten, das Wasser. Da gibt es kleine Flüsse, in denen wir unsere Füße waschen, und Brunnen, aus denen wir trinken. Nach der Wüste kommen einem die Bäume hundertmal grüner, das Wasser hundertmal frischer vor. Das Mittagessen wird in einem Zelt serviert. Der Boden ist mit Teppichen ausgelegt. Als Tische dienen Kupfertablette, die auf Perlmutterfüßen stehen. Ein ganzes Lamm am Spieß wird hereingetragen, und wir essen mit den Fingern. Das Kuskus hat eine goldene Farbe. Zum Nachtisch gibt es Feigen und süßen Tee. Ein anderes Mal kommen wir in der Abenddämmerung nach einer langen Fahrt durch die Wüste in Quarzazate an, wo wir ein schönes Hotel, das dem Club gehört, finden: einheimische Bauart – ein nüchternes Schloß aus roter Erde. Ein hoher und breiter Springbrunnen sendet seinen Wasserstrahl von der Mauer ins Schwimmbecken hinunter. Ein Antilopenbaby begrüßt uns und kehrt dann auf sein Strohlager beim offenen Kamin zurück. Der Speisesaal befindet sich unterhalb des

Schwimmbeckens, so daß wir beim Essen die Schwimmer wie Fische in einem Aquarium beobachten können. Die Zimmer tragen die Namen von Mineralien: Azurit, Serpentin, Quarz, Onyx, Alabaster, Kalzit. Dies ist das Land der Mineralien. Kinder betrachten sie am Straßenrand, wo sie auf Tischen oder manchmal – wenn es sich um kleine Stücke handelt – in Flaschen ausgestellt sind.
Die Aussicht vom Schlafzimmer ist eine endlose Wüste, in feine Sepia oder Malvenfarbe getaucht, mit silbergrauen Büschen. Die Endlosigkeit läßt Unendlichkeit ahnen. Leben und Tod sind in der Unendlichkeit aufgehoben. Sie ist eine Befreiung von beidem. Die Luft ist klar und rein. Die Stille ist wohltuend und paßt zur Landschaft. Gegenüber liegt die ummauerte Stadt, die man im Filmen sieht. Eine Filmgesellschaft hat das Tor wiederaufgebaut.
Ich möchte hier bleiben. Ich liebe die Frauen, die so geheimnisvoll in Schwarz gehüllt sind; ich liebe ihren rhythmischen Gang, ihre stolze Haltung, wenn sie ihre Krüge zum Brunnen tragen. Ich liebe die Edelstein-Augen hinter den Schleiern, die intensive, blendende Schönheit der Kinder. Ich liebe die Männer – so rauh, gewalttätig, stolz. Am Abend tanzen die Frauen, in viele Meter pastellfarbenen Chiffon gehüllt und mit zahlreichen Schmuckketten behangen. Die Männer reiten und schießen mit langen, altmodischen Gewehren in die Luft. Ich liebe die Verschlossenheit und die Neugierde dieser Menschen. Sie beobachten uns von den Dächern ihrer Häuser. Die Fenster sind klein – keinen halben Meter hoch und nur dreißig Zentimeter breit –, um die heiße Sonne abzuwehren. Sie sind auch vergittert. Man erlaubt uns, in eines der Häuser einzutreten, das wie eine prähistorische Höhle in den Hügel gebaut ist. Der Boden ist aus festgetretener Erde, die Form folgt den Umrissen des Hügels. Links ist ein Unterstand für den Esel, rechts einer für das Baby, das auf einem Schaffell schläft. Wir gehen hügelan zum Schlafzimmer. Ein Teppich auf dem Boden, ein Kleid an einem Nagel, eine Halskette. Ein heiliges Bild aus dem Koran, das ich schon auf dem Markt gesehen habe. In der Ecke ist die Feuerstätte; ein Kessel hängt darüber. Die ganze in die Erde gehauene Wohnung ist als Obdach, als Schattenspender gedacht; die rohen Wände und die winzigen Fenster halten die Hitze und die Sonne fern. Ein Leben im Schoß der Erde, in der Dunkelheit. Als wir den Ort verlassen,

merken wir, daß der Mann ein Gebrechen hat und daß er Besucher möglicherweise der kleinen Spenden wegen einläßt.
Die Männer dreschen das Korn wie die Mexikaner: mit ihren Füßen und mit Pferdehufen. Sie singen bei der Arbeit. Sie werfen das Korn in die Luft, im Takt ihres Gesangs, um es zu sieben.
Eines Morgens gehen wir in der Dämmerung zum Kamelmarkt in Goulimine am Rande der Saharawüste. Er liegt in der Gegend der sogenannten Blauen Araber. Alle Kaftane sind in besonderen Blauschattierungen, die von keinem anderen Stamm getragen werden. Die Farbe färbt mit der Zeit ihre Haut blau; daher werden sie die Blauen Männer genannt. Die Kamele sind von unterschiedlicher Größe und Qualität. Es wird viel gefeilscht, und die Zähne der Kamele werden oft zur Altersbestimmung untersucht.
Die Augen der Jungen und der Alten sind immer feurig. Die Augen der Kinder leuchten wie Sonnenstrahlen, die sich in Onyx spiegeln.
Wir leben in biblischen Zeiten. Nichs hat sich geändert. Aber die Touristen werden die Kinder verderben. Sie haben schon gelernt zu betteln, obwohl ihre Eltern sie dafür bestrafen.
Ein Reiseführer macht vor, wie er im makellosen blauen Kaftan und weißen Hemd auf einen Baum klettern und eine Kokosnuß abschneiden kann, ohne seine Kleider zu beschmutzen oder zu zerknittern.
Der Geruch von Holz, das sie verbrennen, ist stets in der Luft; er erinnert mich an Weihrauch. Diese hübschen, stillen Städte mitten in der Wüste! Die Menschen sind schweigsam. Manchmal ertönt eine kleine Flöte, man hört die Glocken an einem Haustier oder einen religiösen Gesang; sie unterbrechen die Stille. Eine Stille, die wir wegen der unzähligen Geräusche in unseren Städten niemals erfahren können. Menschen, Tiere und Gebäude heben sich scharf vom Himmel und den Sanddünen ab. Ich werde sie niemals vergessen: wegen des langsamen Lebensrhythmus, der Aufmerksamkeit, die man immer wieder fesseln kann, wegen des unversehrten Weltbildes, das vom Chaos und dem Wirrwarr unserer Städte verspielt und zerstört wird. Ich sehe die Antilope, die Kinder, die Reiter, das Lamm am Spieß, so wie man seine Liebsten in der Menge erkennt.

Ich erinnere mich an eine Nacht in einem marokkanischen Hotel, das wie ein spanisches Haus um einen Innenhof herum gebaut wird. Die Treppe führte zu einer Dachterrasse. Ich konnte nicht schlafen und ging auf die Terrasse. Ich hörte den muselmanischen Gesang von der Moschee her. Die Sterne kamen mir zahlreicher, näher vor – wie in Mexiko. Die Stadt schlief, ganz weiß, in Mondlicht getaucht. Daß jemand für uns betete, während wir schliefen, gab mir ein geheimnisvolles Geborgenheitsgefühl. Marokko schlägt mich von neuem in seinen Bann, wie schon einmal. Es ist eine tiefe und undefinierbare Faszination. Ich dachte früher, daß mich die labyrinthische Gestalt seiner Städte anzieht, aber jetzt liebe ich die Wüste.

In Marrakesch entdecke ich dieselbe Lebensintensität auf dem Marktplatz wie in Fes. Da sind die nach Küche duftenden Stände mit Essen; Akrobaten führen ihre Künste aufmerksamen Besuchern vor; sie sind alle da: die Wasserträger in mittelalterlichem Glanz, mit Glöckchen am Hut, die Tänzer, die in die Luft springen, die Schwertschlucker, die die Kinder verblüffen, die Feuerschlucker, Teppichhändler, Bettler, die verschleierten Frauen, sogar die verlotterten Hippies, die die Araber anbetteln, weil sie auf ihren religiösen Gastfreundschaftsbegriff vertrauen. Ich sehe es gern, wie die Männer sich in ihre Burnusse hüllen und vor den Türen einschlafen. Es ist heiß. Wir sitzen auf einer Terrasse, von der aus wir das ganze glänzende Schauspiel beobachten können. Es ist so reich an Farben, Gerüchen und Geräuschen, daß mich die leidenschaftliche Intensität erzittern läßt.

Eines späten Abends verlassen wir ein Restaurant und müssen durch enge Gassen spazieren, um zu unserer Kutsche auf dem Hauptplatz zu gelangen. Die Bettler stürzen sich auf uns. Sie haben keine Beine, keine Arme, einige sind im Rollstuhl, einige sind blind, andere bucklig. Es ist ein höllischer Anblick. Der Eifer, die Rivalität, der Drang ihrer Mißgestalt nur Zentimeter vor unseren Augen erinnert an Dante und ist erschreckend. Es ist dunkel. Die extreme Art ihres Bettelns lähmt beinahe jedes Mitleid. Man hat das Gefühl, gar nicht genug zum Geben zu haben, daß sie sich vermehren, sich vergrößern, daß sie einen verzehren. Es sind ihrer zu viele, als daß man helfen könnte. Sie folgen uns bis zum Platz. Die Fröhlichkeit des Restaurants, der Tanz der Frauen in durchsichtigem Musselin mit Goldper-

len – all das ist wie weggeblasen. Das Untergrundleben Marokkos ist tragisch und grauenhaft.
Ich erinnere mich besonders gut an einen Araberjungen, weil er das Café häufig besuchte und sich an jeden Tisch setzte. Er war sieben- oder achtjährig. Er war schön, und er wußte es. Er bot sich als Touristenführer an. Er bot seine Schwestern feil und wußte, wo man Drogen beschaffen kann. Er sprach einige Brocken Englisch. Er war gewandt, höflich, charmant und verdorben.
Der französische Reiseführer ist ein junger Student, ein Nachkomme von George Sand. Er hat ein feminines, empfängliches Gesicht. Er liebt Marokko und gibt sich alle Mühe, den Reisenden Respekt für das Land einzuflößen. Aber die anderen französischen Touristen ärgern mich. Sie reden ununterbrochen. Ihr banales Geschwätz macht die Stille kaputt. Es ist sinnlos und hindert sie daran, zu sehen und zu fühlen. Wenn unsere Sinne empfänglich sind, dann herrscht Stille. In der Wüste fühle ich, wie wach meine Sinne sind, so daß die Gerüche, die Luftschwingungen und die Hitzewellen, das Zittern der Blätter in der Oase und die Kühle der kleinen Flüsse meine ganze Aufmerksamkeit zu fesseln scheinen. Ich komme mir wie ein Tier auf der Fährte vor. Ich kann das Geschwätz und die kindischen, lärmigen Spiele nicht verstehen; welchen Spaß macht es zum Beispiel, sich gegenseitig zu bespritzen? Ich schwöre mir, allein zurückzukommen.
Der Geburtstag des Königs gibt zu Feierlichkeiten Anlaß. Die Araber erscheinen hoch zu Roß und schießen wild in die Luft, während sie herumgaloppieren. Die farbenprächtigen, hypnotischen Tänze. Man hat Zelte aufgestellt, sinnliche Zelte: außen schwarz und weiß, innen rot. Man hat Teppiche ausgelegt. Kupfertablette mit Feigen und süßem Pfefferminztee werden herumgereicht. Die Reiter sind am Strand, und wir sitzen auf dem Pier, so daß es aussieht, als flögen sie auf uns zu; sie heben sich scharf gegen den Himmel und das Meer ab. Die weißen Pferde und die weißen Burnusse scheinen dem weißen Schaum der Wellen zu entspringen. Ihre feurigen Augen kontrastieren mit dem Weiß, und das Weiß kontrastiert mit dem unglaublich blauen Himmel.
Ein anderer Tag, ein anderes Zelt. Ein üppiges Abendessen am Strand. Die Zeltplanen können seitlich aufgerollt werden, um

die frische Brise einzulassen. Das Feuer der Bratstelle und die Fackeln leuchten hell in der Nacht.
Die intensive Schönheit Marokkos ist unwiderstehlich und magnetisch. Wie wir in unsere häßlichen Städte zurückkehren, erinnern wir uns an Marokko als an eine Oase, zu der man hinfährt, wenn man nach Schönheit lechzt.

Der Geist Balis

Die betörende äußere Schönheit Balis ist ein Ausdruck ihres geistigen Lebens.
Sie nimmt einen gefangen, sobald man in dem milden Klima landet, das einen darauf vorbereitet, Körper und Seele zu entspannen und einen Bewegungsrhythmus anzunehmen, der einem Unterwasserballett gleicht.
Die Schönheit der Menschen ist ausnahmslos. Männer wie Frauen haben eine makellose honigfarbene Haut, glänzendes schwarzes Haar und ein strahlendes Lächeln. Sie tragen farbenfrohe, eng um die Hüften geschlungene Batikgewänder; die der Frauen reichen bis zu den Füßen, die der Männer sind kürzer.
Auf dem Weg zum Hotel fährt man an Häusern vorbei, die – ob reich oder arm – dieselben Steinmauern aufweisen, die mit Blumen und Reben behangen sind.
Die Familientempel und Pagoden mit ihren schwarzen Strohdächern sind höher als die Mauern. Zwischen den Häusern befinden sich die Dorftempel für größere Anlässe.
Es gibt dreitausend Tempel auf Bali. Die Statuen vieler Götter und Göttinnen zieren Mauern und Tore, aber die Tempel selber sind wie leere Bühnen, die auf die üppigen Gaben des Volkes warten.
Bunt bemalte Fähnchen weisen den Weg zu den Tempeln, den Läden mit Kunsthandwerk und den Tanzveranstaltungen. Sie sind aus Palmenblättern gemacht und häufig mit Bändern, Blumen oder Muscheln geschmückt. Die anderen einladenden Zeichen sind die hellen festlichen Schirme – in Rot, Gelb und Blau mit goldenen Fransen –, die früher nur den Priestern zustanden.
Die Frauen tragen orangefarbene Sarongs. Sie sind klein, vollkommen gebaut, mit zierlichen Händen und Füßen. Ihre Stimmen sind sanft, ihr Tonfall ist singend. Ein Mahl wird wie

ein Ritual serviert, damit die meditativen, kontemplativen Sinnenfreuden nicht gestört werden: das Einatmen des Meergeruches, der samtenen Luft, des Dufts von Gewürzen und Blumen.

Bali ist ein wortkarges Land – damit die Träume nicht zerstört und vertrieben werden. Die Balinesen glauben, daß die neun Monate im Mutterleib eine Zeit der Meditation sind. Alles trägt zu dieser Entfaltung der Sinne bei. Die Schönheit der Frauen mit ihrer zarten Haut, den feinen, weichen Gesichtszügen, den anmutigen Bewegungen; der Zauber der Häuser mit den Spitzen kleiner Tempel über den Steinmauern; das schön gearbeitete, geschmackvolle Kunsthandwerk; die Skulpturen an den Tempeln, die an die berühmten Basreliefs in Kambodscha und Indien erinnern; die intensiven Farben der Rituale mit betontem Gold und Orange; die opalfarbenen Reisfelder, die den Himmel im Wasser, das sie bedeckt, widerspiegeln – all das ist mit Bedeutung, mit symbolsicher Aussage durchdrungen. Dies ist der Grund, warum die Balinesen ihrer Arbeit, ihrem Handwerk, ihrem Theater und ihrer Musik Freude abgewinnen. Der erste Anblick einer Frau, die mit elastischen Schritten ihren Weg geht und einen Korb auf dem Kopf mit ihren Armen hält, die sich wie die Henkel griechischer Vasen biegen; die Anmut und das Gleichgewicht eines festen Gangs auf den Bergpfaden oder auf unebenem Boden – dies alles ist Ausdruck ihrer Überzeugung, daß das physische Gleichgewicht das seelische zur Folge hat und daß die bösen Geister der Krankheit oder des Wahnsinns nur jene befallen und ergreifen können, die das Gleichgewicht verloren haben.

Man entdeckt leise Spuren von Animismus, Ahnenverehrung und dem buddhistischen Glauben an Seelenwanderung. Die Götter sind in den Vulkanen oder in den Meerestiefen daheim. Man darf weder zu hoch hinauf noch zu tief hinunter steigen.

Jedermann besitzt eine natürliche Höflichkeit, ein natürliches Lächeln. Das Wort für den Fremden ist »Gast«, nicht – wie in anderen Ländern – »Außenseiter«.

Die Balinesen haben kein Wort in ihrer Sprache für Kunst oder Künstler. Schöpferische Tätigkeiten sind selbstverständlich und weitverbreitet. Mit ihnen ehrt man die Götter und dient der Gemeinschaft auf natürliche Weise. Sie sind alle Künstler in unserem Sinn des Wortes. Der Fischer kann am Abend ein

Musiker, das Dorfmädchen, das den ganzen Tag arbeitet, eine raffinierte Tänzerin sein. Kunst ist Kunstfertigkeit; der traumhafte Zustand des Schöpfens stellt die Verbindung zu den Göttern her.

Das Leben der Balinesen ist von Harmonie erfüllt; sie ist Ausdruck einer Lebenshaltung. Nicht, daß sie die dunkleren Kräfte im Leben verleugnen würden. Sie wissen genau, daß die Welt voller Gefahren ist. Aber die Götter können durch schöne Rituale, durch kunstvolle, ausgeschmückte Gaben, durch Gebete, durch Tanzen und Musik günstig gestimmt werden. Die Götter sind menschlich. Sie haben Freude am Schönen, an der Musik, an den dreitausend Tempeln, die für sie errichtet worden sind – wahre Schatzkammern an Skulpturen. Die Balinesen begegnen dem Bösen, indem sie es in verzerrte, furchterregende Statuen bannen, die den drohenden, verzogenen, wütenden Gesichtern der Masken gleichen, die sie schnitzen. Die Hexe, der böse Gott sterben nie auf der Bühne. Die Balinesen sind Realisten, aber sie sind Künstler in ihren Ritualen und Zeremonien. Sie erreichen Höhen ästhetischer Schönheit wie sie nicht einmal die Japaner kennen.

Der Tanz ist nicht bloß eine Kunstform, er ist eine Deutung des Lebens. Bali ist die Insel der endlosen Feste, und das Tanzen und die Musik hören nie auf.

Sie kleiden sich an Feiern mit einem fehlerlosen Geschmack für Farbenmischungen. Die Frauen verwenden Primärfarben für ihre Blusen, die sie jetzt wegen des beleidigenden Starrens und Kicherns der Touristen tragen. Der Sarong ist in reichen Farben und Mustern gehalten. Die Gesichtszüge der Balinesen sind zierlich, ihre Augen sind tief und leuchtend. Sogar die Frauen, die arbeiten, haben feine Hände. Sie haben von uns das Badetuch übernommen und winden es um den Kopf zu einem Kissen für die schweren Gegenstände, die sie tragen.

Sie wärmen ihre Mahlzeiten nicht auf. Zu jeder Zeit, sei es bei der Arbeit oder neben einem kleinen Stand am Wegrand, öffnen sie das sorgfältig gefaltete Palmenblatt und essen Reis und ein wenig Hühnerfleisch oder Fisch. Sie sind keine Sklaven der Uhr. Sind die Männer müde von der Feldarbeit, und sind sie weit von zu Hause weg, so bauen sie eine kleine Hütte und schlafen durch die heißesten Stunden des Tages hindurch.

Mein Touristenführer ist ein junger Student. Ursprünglich wollte er Arzt werden, aber seine Studien zogen sich in die

Länge und der Tod seines Vaters – der von seinem besten Freund erschossen worden war, als beide bei der Polizei arbeiteten – zwang Wayan Subudi dazu, früh arbeiten zu gehen. Er absolvierte ein Literaturstudium und hätte Schriftsteller werden können, aber er gibt zu, daß er faul ist. Subudi – mit seinen orientalischen Schlitzaugen, seinem guten Profil, seinen verblüffend weißen Zähnen, seinem schwarzen, leicht gewellten Haar – ist ein idealer Fremdenführer. Er kennt sich bestens über Bali aus, aber er wartet, daß man ihm Fragen stellt, er überschwemmt einen nicht mit langen Reden. Er gibt einem Zeit, aufzunehmen, zu meditieren, zu schweigen; und wenn jemand eine Frage hat, beantwortet er sie einfach und ohne Umschweife.

Sein Bruder betreibt einen Kalkbrennofen (sie zermahlen und erhitzen Korallen, um Kalk zu gewinnen); seine Mutter hat einen Laden außerhalb des Grundstücks, auf dem sie leben. Als ich ihn daheim besuche, führt er mich in ein einfaches, geweißeltes Zimmer mit einem Fenster auf die Reisfelder, in denen Enten in Reih und Glied marschieren. Er zeigt mir Fotos von seinen Verwandten, von der Einäscherung seines Vaters (deren Kosten die Familie Pleite machte). Als ich eintrete, kocht die Mutter im offenen Gebäude auf einem Holzkohlenfeuer.

Er deutet an, daß die Universität viele ihrer alten Anschauungen erschüttert habe, ihrer Mäßigkeit allerdings nichts anhaben konnte (kein Alkohol, kein Überessen, keine Drogen). Was andere Jugendliche durch Drogenkonsum erreichen, erreichen sie durch Fasten und Meditation.

Er möchte wissen, ob ich an Seelenwanderung glaube. Ich sage: »Wenn ich das nur könnte!«

Er übersetzt mir die Zeichen an den Tempeln. Einige verbieten es den Frauen, sie während der Monatsregel zu betreten. Andere verbieten den Eintritt, wenn man den passenden Sarong und die richtige Kopfbedeckung nicht trägt Er erlaubt mir, mich auf eine Mauer zu setzen, um mich kurz auszuruhen, und sagt mir später, daß es eigentlich verboten sei, weil es eine heilige Mauer ist. Er ist wie der Geist von Bali selbst, wie das Bambus-Xylophon: fein und gedämpft, ganz der Arbeit für seine Familie hingegeben. Ich schenke ihm ein leeres Tagebuch, in das er schreiben kann. Seine Freundlichkeit und die sanfte Art, mit der er sein Wissen anbringt, sind ein bleibender Eindruck.

Alles auf Bali ist ein bleibender Eindruck. Er setzt sich aus

ästhetischen und geistigen Komponenten zusammen, die etwas in uns berühren, das viel tiefer sitzt, als was das Auge erfaßt. Er ist wie der Weihrauch in den Tempeln, der an den Kleidern haften bleibt.
Subudi nimmt mich jeden Tag auf eine andere Reise mit. Tagsüber geht's durch Dörfer, Reisfelder, Regenwälder und Berge, zu Vulkanen, Seen und Tempeln. Diese verwickelten Entdeckungszüge auf nicht eingezeichneten Wegen können nur in Begleitung eines Fremdenführers unternommen werden. Subudi kennt die geschichtliche, religiöse oder kulturelle Bedeutung einer jeden Sehenswürdigkeit.
Wir beginnen eine Reise, die uns von Tempel zu Tempel führt. Nehru nannte Bali die Wohnstätte der Götter. In uralten Zeiten hieß es »Der Morgen der Welt«. Jeder Tempel ist einer anderen geistigen Aufgabe geweiht. Die Tempel setzen sich normalerweise aus verschiedenen Pagoden mit Türmen und schwarzen Strohdächern zusammen. Sie sind wie leere Stände, die auf die Opfergaben warten. Die Frauen kommen in blendend schönen Trachten und tragen die Gaben auf dem Kopf. Diese sind manchmal über einen halben Meter hoch: wahre Pyramiden aus Früchten, Blumen, Spiegeln und geflochtenem Bambus in der Form von Blumen, Vögeln, Federn, Schießbogen. Sie sind kunstvoll zusammengestellt. Die Früchte und die Nahrungsmittel bleiben in der Pagode, während sie und ihre Kinder beten. Während des Gebets soll der Gott den Geist der Nahrung aufnehmen, und dann dürfen die Frauen die Nahrungsmittel heimtragen.
Der Tempel des Meergottes Tanah wurde auf einer ganz kleinen Insel erbaut und sieht wie ein Schiff aus Felsblöcken aus. Die schwarze Pagode hebt sich hoch gegen den Himmel ab. Es ist gerade Flutzeit, aber die Frauen, die die Gaben bringen, gehen ungerührt ins Wasser, das ihnen bis an die Hüften reicht. Ein Seil ist an Pfosten bis hinüber zur Insel gespannt, damit sie nicht vom Wasser weggetragen werden.
Viele Tempel, viele Götter. Götter für das Meer, das Tal, für die Reisernte, für Fruchtbarkeit. Taman Ayun ist von einem Graben umgeben, in dem sich Blumen und Bäume spiegeln. Man hat Metallstifte – dreizinkig wie Neptuns Dreizack – auf dem Dach angebracht, um die bösen Geister abzuschrecken. Der Opferstand ist an Feiertagen mit einem Teppich bedeckt. Schirme und Gaben umgeben die Priester. Einige Tempel sind

von mehreren Familien erbaut worden, die ihr Vermögen zusammengelegt haben, um einzelne Tempel für ihre Ahnen im Schatten des Muttertempels zu errichten.

Der Tempel der Fledermaushöhle ist eine riesige natürliche Felshöhle, in der Tausende von Fledermäusen hängen und auf die Nacht warten, um Früchte suchen zu gehen. Dies sind heilige Fledermäuse. Die Frauen hocken im Schneidersitz neben ihren Gaben. Sie beten, aber gleichzeitig beobachten sie die anderen Besucher und behalten ihre eigenen Kinder im Auge. Eine junge Frau gibt ihrem Kind die Brust. Die Pandang-Blätter, mit denen sie so viele Gabenmuster formen, glänzen golden und dursichtig in der Sonne.

Der Vulkan brach 1963 aus. Beim erstenmal kam die Lava gerade vor dem Tempel zum Stehen, und die Menschen glaubten, daß die Götter das Feuer aus dem Erdinnern im Griff hätten. Aber beim zweitenmal verschlang sie den Tempel. Die Menschen beschlossen im stillen, daß die Opfergaben unzureichend gewesen waren.

Man kann stundenlang durch Felder, Wälder und auf Bergwegen gehen, die alle so sorgfältig wie Privatgärten gepflegt werden. Vor dem inneren Auge tauchen immer wieder die mandarinenfarbenen, die violetten, die grünen Sarongs auf, die honigfarbene Haut, das schwarze Haar vor dem Hintergrund üppigen Grüns. Hier Goldgrün, das im Sonnenlicht badet, dort Grün, an dem der Tau oder die Tropfen von einem Wasserfall funkeln, da wiederum die sanften Kaskaden, die von den terrassenförmigen Reisfeldern herabfließen. So viel taufrisches Grün füllt die Lungen mit geheimnisvollem Sauerstoff. Der Gang der alten Leute, der nie steif oder gebrechlich ist, zeigt an, daß sie im Alter ihre Geschmeidigkeit und ihre Anmut nicht verlieren. Sie verrichten harte Arbeit: sie pflügen, stampfen, dreschen, sie tragen schwere Gegenstände und Reisgarben oder Steine für den Straßenbau. Aber alles wird in einem natürlichen Rhythmus ausgeführt (sie müssen dabei kilometerweit laufen), der nie unterbrochen wird; es herrscht keine Eile, keine Spannung, kein Trieb, der sie über die Grenze ihrer natürlichen Kraft hinauspeitscht.

Die Szene ändert sich im milden Regen. Sie benutzen das Blatt der Dattelpalme als Kopfbedeckung: unsere Regenschirme sind schwarz, ihre hingegen kanariengelb, rosa, mandarinenfarben und lindgrün.

Ich besuche den Instrumentenbauer, der in der Gemeinschaft hohes Ansehen genießt. Wir tauschen viele förmliche Verbeugungen und Höflichkeitsgesten aus. Zu meiner Rechten befindet sich eine offene Feuerstätte, wo das Metall geformt wird; drei Männer betätigen den Blasebalg. In anderen offenen Gebäuden kauern die Männer am Boden und schnitzen die Holzverzierungen des *g'nder,* eines Musikinstruments. In einem weiteren Gebäude werden die Instrumente bemalt und vergoldet. Der große Gong, den der Instrumentenbauer vorführt, läßt das Herz erzittern und vibriert durch den ganzen Körper.
Das älteste Dorf auf Bali war lange Zeit isoliert; es wollte mit den anderen Dörfern nichts zu tun haben. Es steht heute als ein Beispiel strenger Einfachheit da. Die Steinhäuser wurden in einer Reihe zu beiden Seiten einer breiten, mit Kopfsteinen gepflasterten Straße erbaut. Eine lange Hütte mit einer erhöhten, von einer Öllampe beleuchteten Plattform und einem Dach aus den Fasern der Zuckerpalme dient als Versammlungsort der Ältesten. Wenig Zuhörer, wenig Möbel, keine Unordnung; ein Webstuhl, ein antikes Instrument, Bilder von Vorfahren, eine Matte zum Schlafen. Die Ältesten verkünden Gesetze und sprechen Recht, sie setzen die Daten für die Rituale fest. Der Schreiber, wie er genannt wird, sitzt im Schneidersitz am Eingang des Dorfes, schreibt mythologische Fabeln auf Sanskrit und illustriert sie. Er ritzt sie in Palmenblätter ein, die etwa vier Zentimeter breit und dreißig Zentimeter lang sind; sie werden anschließend mit einem Stück Rinde zusammengebunden und beim Lesen wie ein Akkordeon entfaltet.
Man wird auf Bali nicht nach dem Besitz beurteilt (die Balinesen verachten Reichtum); man wird nach seinem Benehmen und seiner Rangordnung in der Welt des Geistes und der Kunst eingestuft. Die Musiker, der Tänzer, der Maskenbildner, der Holzschnitzer und der Steinmetz werden geachtet, weil die Kunst eine Form der Götterverehrung ist; jedes Handwerk ist heilig und bedeutungsvoll.
Die Luft vibriert Tag und Nacht von dem, was der Komponist Colin McPhee den goldenen metallischen Klang des Gamelans, einen Silberregen, genannt hat. Tagsüber wird für die Nacht geprobt. Der zechinenartige, aufregende Klang des Gamelans, der in jede Zelle des Körpers eindringt, gleicht einem Glocken-

chor. Die wehmütigen Flöten erheben sich über den metallischen *g'nder*, und das Ganze wird von tiefen Gongschlägen begleitet; der vielfache metallische Regen belebt es.
Die Dörfer sind des Nachts mit Musik erfüllt. Jedes Dorf hat sein Orchester von Gamelan-Spielern. Man tanzt in den Hotels und in den Gemeindehäusern im Dorf. Alle Eingeborenen – vom kleinsten Kind bis zur ältesten Großmutter – strömen herbei, um zuzuschauen. Die immer gleichen Erzählungen aus der indischen Mythologie, die sie auswendig können, sind ihr Vergnügen. Was sie interessiert, ist – ähnlich wie im japanischen Theater – nicht die Geschichte an sich, sondern die Variationen in der Darbietung, und sie kommen und gehen, als wären Musik und Tanz Teil ihres Lebens und kein Schauspiel, als wären sie ebenso natürlich wie der Meereswind, wie das Rauschen der Bäume und das Pendeln der Lianen am Feigenbaum.
Die Tänzerinnen sind in handgewobene, vielfarbige Schals mit glänzenden Gold- oder Silberfäden eng eingehüllt. Die Bewegungen beschränken sich weitgehend auf Hände, Arme und Füße. Der Körper steuert eine Wellenbewegung bei, die den Rücken biegt und Brust und Hüften nach vorne wirft. Die Tänzerinnen haben einen Fächer in jeder Hand, den sie hoch oben, unter den Achseln, halten, und sie flattern unaufhörlich, um die Flügel der Kolibris nachzuahmen. Sie tauchen und wirbeln und gleiten über dem Boden wie Schwalben und drehen dabei den Kopf von links nach rechts, als wollten sie sich von ihrem Körper trennen. Die Farben der Sarongs, der Schals und des Kopfschmucks sind so reich, daß man sich denselben Tanz mehrmals ansehen muß, um die Stoffschichten und Farbkombinationen voll zu erfassen.
Die Kopfbedeckung der Tänzerinnen besteht aus dreieckigen Gestellen, die manchmal aus dünnem weißen Holz, manchmal aus Gold- oder Silberfiligran gearbeitet und gelegentlich mit Kleinodien oder Perlmutter besetzt sind oder mit einer Mischung aus samtweißen *frangipani*-Blumen mit einer roten Hibiskusblüte in der Mitte. In den armen Dörfern greift man erfinderisch zu Ersatzmaterialien. Der mexikanische Maler Covarrubias entdeckte einmal auf der Tiara einer Tänzerin eine Reklame, in der eine gelbe Erdkugel gleichgültig zwischen Breiten- und Längengraden schwamm; von weitem sah es sehr dekorativ aus.

Die Farbe hat in Bali Bedeutung – wie alles, was die Balinesen benutzen. Im Mutter-Tempel steht Schwarz für Vishnu, Weiß für Shiva und Rot für Brahma. Jede Handbewegung hat eine symbolische Bedeutung. Die Arabeske von Kopf und Schultern hat eine Bedeutung. Das Puppenspiel, das die Balinesen so lieben, ist bedeutungsvoll.

Das magisch ausdrucksstarke Schattenspiel ist nicht nur der erste Vorläufer des balinesischen Theaters, es ist auch der früheste Ausdruck des balinesischen Glaubens an die Wirklichkeit des Symbols und die erste Lektion, die das Kind über die Wirklichkeit des Symbols erhält. Es besagt, daß unser Leben ein schattenhaftes Spiel und der Mensch ein Schatten Gottes ist.

Die Marionetten werden aus Büffelhaut geschnitten, dann bemalt und schließlich mit Leim gestärkt. Die Stäbe sind aus Büffelhorn, das mit Pflanzensaft übermalt wird. Der Puppenkünstler stellt seinen Stand im Dorf auf, und bald weiß jeder, daß er da ist. Er sitzt hinter einer Leinwand. Eine alte, qualmende Öllampe hängt über ihm, aber sie ist hell genug, um die Schatten zu werfen, die er haben will. Winzige Lehrlinge im Knabenalter sitzen mit gekreuzten Beinen um ihn herum, bereit, ihm die Figuren zu reichen, die er braucht. Seine Kunst besteht nicht nur darin, die Marionetten im Sinne der Geschichte zu bewegen, sondern einer jeden von ihnen eine eigene Stimme zu geben. Die Stimme klingt unwirklich, und der Tonfall erinnert stark an die japanische Nô-Spiele.

Die Leute sehen sich diese Geschichten stundenlang an; wir aus dem Westen können das kaum.

Die Schatten in der erweichenden Nacht Balis sprechen, kämpfen, fliehen und lieben zu sehen, ist bewegend genug; aber sich hinter die Leinwand zu stehlen und die Schönheit der Marionetten und ihre kunstvollen Trachten, Stickereien, Verzierungen zu betrachten, ist noch eindrucksvoller. Zu sehen, wie vertraut die Kinder mit den Charakteren sind, so daß sie im voraus wissen, wer als nächster auftritt; zu sehen, wie der Mann unter der flackernden Öllampe mit untergeschlagenen Beinen dasitzt wie ein Märchenerzähler aus früheren Zeiten, wie er sich für die männlichen Stimmen aufbläht und für die weiblichen zusammenschrumpft – das heißt, sich Jahrhunderte zurück nach Indien versetzen zu lassen, von wo die Mythologie, die Religion und das Theater der Balinesen stammen.

Covarrubias, der auf Bali lebte, betonte, wie farbig diese Ereignisse sind, und beschrieb sie als »ein Schauspiel, das Diaghilew vor Neid hätte erblassen lassen«.
Covarrubias spürte, daß die bezauberndste Eigenart der Balinesen in dieser glücklichen Mischung aus primitiver Einfachheit und hochentwickelter Kunst begründet ist. Sie bewahren die enge Beziehung zum Boden, sie leben sozusagen im Freien in Häusern mit einfachen Strohdächern und Wänden aus gespaltenem Bambus; sie schlafen auf kühlen Matten und benutzen die Geräte primitiver Kulturen: Werkzeuge aus Bambus, Holz, leichte, aber starke Körbe, Behälter aus Ton, die das Wasser kühl halten, Wasserröhren aus Bambus, Bambus für ihre Musikinstrumente, für ihre Altäre, für ihre Sonnenhüte und Fächer. Aber ihre Rituale, Tänze und Tempelgaben offenbaren eine Kunst des Kostüms und der Dekoration, des dramatischen Effekts, des Hintergrunds und der Bühnenatmosphäre, die ohnegleichen sind.
Die Farben, die Düfte, die Tänze und die Musik Balis bleiben uns in Erinnerung, weil sie tief in unser Seelenleben eindringen. Wir befinden uns in einem jener »Zwischen-Zustände«, die uns zu leben vergönnt sind; es ist ein Vorrecht, eine Reise durch ein *karma* der Freude, die uns Menschen aus dem Westen nicht gegeben ist, einer Freude, die von der gemeinsamen Arbeit und dem symbolischen Einssein mit der Natur, der Religion und den Mitmenschen herrührt. Wir selber könnten dies nicht zustande bringen, aber es wurde uns als eine Gabe überreicht – vielleicht mit dieser Botschaft: »Verderbt es nicht!«

Port Vila, Neue Hebriden

Wenn man sich einer Insel nähert, werden die Erwartungen wieder wach, die man als Kind mit Inseln in Verbindung brachte. Nach dem, was wir über sie lasen, waren Inseln das Unentdeckte, das Geheimnisvolle, das Isolierte, das Unbekannte.
Port Vila auf der Insel Efate hat eine Geschichte, die die Phantasie anregt. Es wurde zuerst von Kapitän Cook und später von den Sandelholzjägern entdeckt. Die Chinesen zahlten hohe

Preise für dieses Duftholz, das man für religiöse Feiern brauchte. Die Suche nach Sandelholz war wie das amerikanische Goldfieber, bis die Insel rasch seine Sandelholzbäume verlor. Dann kamen die Walfänger, die Missionare, die Kolonisatoren. Sie alle hatten den Kannibalismus zu fürchten, da die eingeborenen Melanesier unter Proteinmangel litten.

Vom Flugzeug aus gesehen, offenbart die tropische Vegetation unendliche Grünschattierungen – vom Goldgelb bis zur dunkelsten Nuance –, und es fällt schwer, sich daran zu erinnern, daß man die Insel als voller Asche und Korallen beschreibt, die der Meereserosion unterworfen ist. Der Gedanke daran verleiht der Insel eine Aura vergänglicher Schönheit, als müßte man sie in der Gegenwart lieben.

Am Flughafen haben sich zwei Schlangen vor dem Zoll gebildet, die von riesigen blauschwarzen Melanesiern in Tropenuniformen angeführt werden: eine französische Uniform für die eine Kolonne, eine englische für die andere. In diesem Augenblick fällt mir ein, daß die Neuen Hebriden von England und Frankreich gemeinsam als Kondominium regiert werden, was die Einheimischen ein »Pandämonium«, eine Hölle, nennen.

Als wir durch den Regenwald zum Hotel fahren, sieht man die ersten Lianenvorhänge, Unmengen von Farnkraut, den Brotfruchtbaum mit seinen spatelförmigen Blättern, den indischen Feigenbaum, der in den Märchen stets wegen seiner ausgreifenden Wurzeln erwähnt wird, die wie riesige Menschenhände oder wie lange Hexenfinger gebogen sind und die Erde packen, sich festkrallen, in sie eindringen und die wuchtige Schatten in unsere Träume werfen und uns wie Schlingpflanzen zu erdrosseln versuchen.

Nicht so viele Blumen wie auf Tahiti, nicht so viele Vögel oder Tiere – eher ein Ozean gestreifter Blätter, von denen einige so groß wie Elefantenohren sind. Was die Insel ausströmt, ist Ruhe und Abgeschiedenheit. Wir hungern nach Abgeschiedenheit. Sie schafft viel Raum zwischen unseren Beschäftigungen. Die Insel bewirkt einen Bruch mit dem Mutterland unserer Sorgen. Da sind wir nun, ausgesetzt in einer neuen Welt. Die Stille ist beruhigend, die Lagune liegt geräuschlos in all den Farben des Opals.

Die Neuen Hebriden kennen verschiedene Versionen eines Mythos, der veranschaulichen soll, daß sie ursprünglich keine

Insel sein wollten. Die Einwohner behaupten, daß der Held Maui, der ihre Insel fischte, auch Australien herausfischte, und wäre seine Angelschnur nicht gerissen, so wären sie noch immer vereinigt.

Das Hotel Le Lagon wurde am besten Ort auf der Insel erbaut: zwischen sanft gewellten Hügeln und einer wunderbar geschützten Lagune, die von einem tropischen Regenwald umgeben ist. Die einzelnen Bungalows, die im Stil von Eingeborenenhütten gebaut sind, verschmelzen mit den braunen Baumstämmen in die Vegetation. Ihre Dächer sind aus Palmenblättern, die Wände aus wildem Rohrgeflecht, die Stützen sind aus den *Kohu*-Stämmen, einer Holzart, die es meines Wissens nur in Port Vila gibt.

Man sagte mir, ich könne den Strand aus feinem Korallensand entlang im Schatten von Kasuarina-Bäumen bis zum Museum für Ozeanische Kunst spazieren, das von Nikolai Mitschutuschkin gegründet wurde. Ich hatte schon einen Teil dieser erstaunlichen Sammlung im Maeva Beach Hotel auf Tahiti und im Hotel Château Royal in Numea kennengelernt. Aber diese großartigen Objekte sind in Hotelhallen nicht in ihrem Element. Hier hingegen ragen die Statuen plötzlich – als ich mich vom Strand her nähere – dreieinhalb Meter hoch aus Mitschutuschkins tropischem Garten heraus; sie sind aus riesigen, in der Mitte gespaltenen Baumstämmen geschnitzt, so daß sie als Trommeln gebraucht werden können, aber zuoberst tragen sie das mächtige Antlitz der Götter. Sie sind Figuren aus der Vergangenheit, die man nie vergessen kann. Der Anblick dieser Statuen verleiht dem ersten Teil meiner Reise einen Hauch von vergangenen Kulturen, von der Vergangenheit eines Volkes, das Götter aus Holz schnitzen konnte.

Bei einer Gruppe von Göttern stehen – mitten unter Bäumen und Büschen – Mitschutuschkin und Pilioko, die berühmtesten Maler der Gegend. Sie sind sowohl für ihr eigenes Werk als auch für die Sammlung bekannt, der Mitschutuschkin so viel Liebe und Sorgfalt gewidmet hat. Pilioko trägt einen farbigen Sarong, ein Hemd und Armbänder aus Haifischknochen. Er ist hochgewachsen und schlank, hat riesengroße, sanfte, dunkle Augen und markante Gesichtszüge. Seine letzten Werke sind gestickte Wandteppiche; ihre Motive sind Tiere, Menschen, Blumen und Bäume, die er in einem eigenständigen, mythischen, abstrakten Stil miteinander verbindet. Mitschutuschkin trägt das Gewand eines Häuptlings; er hat kurzes Haar, lebhafte humorvolle Augen, ein gütiges Lächeln und einen kräftigen Körper, wie man das von Russen erwarten darf. Er geht wie die Eingeborenen bei Sonnenuntergang schlafen und steht bei Sonnenaufgang auf. Er hat kein Telefon, kein elektrisches Licht, keine Zeitungen und kein Radio nötig. Der Gebäudetrakt ist mit Kunstsinn, aber einfach gebaut. Ein Haus dient als Wohnstätte und als Atelier für Pilioko. Der Rest besteht aus offenen Gebäuden mit Strohdächern, die die Sammlung, die Bilder und Bildteppiche beherbergen. Anbauten und Hütten kamen hinzu, als die Sammlung wuchs.

Pilioko ist ein Polynese von der Insel Wallis; zwei andere junge Männer, Joel und George, kommen von den Salomoninseln. Freddy ist ein Junge vom Stamm »Kleinen Nambas« auf der Insel Malekula in den Neuen Hebriden. Sie alle bereiten ein polynesisches Mittagessen in einer nahe gelegenen Grube zu; ich sehe, wie der Rauch von den heißen Steinen aufsteigt.

Es fällt mir schwer, mich auf die Sammlung zu konzentrieren, da es interessant ist, mit Nikolai und Pilioko zu reden. Pilioko ist lebhaft, Nikolai beredt. Man müßte ein Buch über Nikolai schreiben. Als er sein Studium an der Sorbonne beendet hatte, ging er – ohne einen Pfennig in der Tasche – auf eine Reise, die sechs Monate dauern sollte (der erste Tramper, lange bevor Trampen beliebt wurde). Es wurden zwanzig Jahre. Er ist überall auf der Welt gewesen – ein Mann, der mit Liebe gereist ist, der kein Tourist war, der tief in das Leben eines jeden Landes eindrang und die jeweilige Landessprache lernte, der malte, zeichnete, aufnahm und ausstellte. Er begann, ozeanische Kunst zu sammeln, und hatte zuletzt fünftausend Objekte einer Kunst und eines Handwerks zusammengetragen, die sonst in Vergessenheit geraten wären; sie wiegen zusammen zwölf Tonnen. Der größte Teil dieser Sammlung ist nun ständig unterwegs, damit sie möglichst vielen Völkern des Südpazifiks und auch anderen Teilen der Welt vorgestellt werden kann. Nikolai besitzt eine Leidenschaft für Kunst und ein Genie für Freundschaften. Das französische Wort *formidable* beschreibt ihn genau. (Er überredete einmal die Mannschaft eines französischen Zerstörers dazu, die Objekte, die er auf einer fernen Insel gesammelt hatte, Tausende von Meilen zum Museum in Port Vila zu transportieren.) Er spricht sämtliche Sprachen und Dialekte der verschiedenen Stämme. Das ist ihm bei seinem Sammeln auf den Südpazifischen Inseln sehr zustatten gekommen. Während er neue Objekte sammelte, stellte er die bereits erworbenen auf Plätzen und Kirchhöfen kleiner Inseldörfer aus. Die Reaktion der Eingeborenen war erstaunlich: entweder erkannten sie die vorgeführten Kunstgegenstände oder sie sprachen – dank einem kollektiven Rassengedächtnis – auf die Symbole ihrer umherziehenden pazifischen Ahnen an. Mitschutuschkin – der die Vermischung von Rassen und Künsten auf den verschiedenen Inseln kennt – besteht jetzt darauf, daß man die Sammlung unter dem Begriff »Ozeanische Kunst« vereinigt.

Die Sammlung ist es wert, daß man ihr ein Leben widmet. Sie offenbart vorzügliches handwerkliches Können in der Bearbeitung von Holz, Muscheln, Tapastoff und Kokosmußfasern. Masken, Tiere, Vögel und Götter sind meisterlich gestaltet, und man hat viel Kunstsinn auf Angelgerät, landwirtschaftliche Werkzeuge, Körbe, Stoffe, Kämme, Halsketten, Kopfschmuck und Waffen verwendet. Jeder Gebrauchsgegenstand ist verziert, verschönert, ideell überhöht.

Mitschutuschkins eigene Bilder sind entweder kraftvolle, kühne Studien von Eingeborenen oder Figurengruppen in dichten, gemischten Farbtönen. Man betrachtet Pilioko mit Recht als den Picasso des Pazifischen Ozeans, weil er seinem heimatlichen polynesischen Hintergrund einen dekorativen, abstrakten, modernen Stil verdankt.

Das Wohnhaus selber ist eine andere Art Museum. Pilioko hat an den Wänden, an der Decke und über dem Treppengeländer Erinnerungen an ihre Reisen aufgehängt: Gebetsteppiche aus Tibet, Schals aus Indien, Münzen, Berbermatten, portugiesische Ohrringe, Masken aus Neuguinea, Tapa aus Fidschi, Walfischzähne, versteinerte Fledermäuse, Halsketten aus Muscheln. Nikolai öffnet – dramatischer Höhepunkt – eine Truhe, die seine Tagebücher enthält, eine wahre Schatztruhe mit genug Unterhaltung für tausendundeine Nacht! Wir sprechen über Reisen, Leute, Kunst. Er beschreibt das Museum, das Frankreich bauen soll. Er hat seine ganze Sammlung und das Land, das er besitzt angeboten, falls die Franzosen ein Gebäude errichten. Er macht sich Sorgen darüber, daß ein Orkan den zerbrechlichen, offenen Bau, der jetzt die Sammlung beherbergt, beschädigen könnte.

Das Mittagessen, das zubereitet wird, riecht ungewohnt scharf.

Man hat die Grube mit heißen Steinen zugedeckt, und das Wasser, das darauf gespritzt wird, verdampft in der Hitze. Das Essen ist in Bananenblätter gewickelt und kocht seit drei Stunden. Jetzt werden die Steine entfernt, das Essen wird ausgepackt und auf handgeschnitzte Holztablette, die etwa anderthalb Meter lang sind, aufgestellt. Die Schüsseln werden an den langen Tisch mit Blick aufs Meer getragen. Sie sind in der Form von Schildkröten oder Fischen aus Holz geschnitzt. Als man die inneren Bananenblätter öffnet, kommen *poi, taro,* Brotfrüchte, *yams,* Krabben und Schweinefleisch zum Vorschein. Eine Kokosnuß-Sauce, die man über alles gießen kann, wird in einer Schale herumgereicht. Es gibt Wein. Vor dem Essen wird ein silberner Pokal mit Limonensaft und Pisco aus Peru gereicht; später wird er mit Champagner gefüllt. Fröhliche Knaben von anderen Inseln bedienen uns. Nikolai erzählt uns, daß es immer die erste Prüfung für seine aufrichtige Freundschaft war, mit den Stämmen zu essen, die er aufsuchte, um Objekte für seine Sammlung zu finden. Jedes Zeichen des Ekels oder der Gleichgültigkeit vor ihrem Essen wurde als Unfreundlichkeit aufgefaßt. Einmal mußte er Pfannkuchen essen, die eine alte Frau zubereitet hatte, deren Haut in Fetzen hing. Man beobachtete ihn. Er ließ sich nicht anmerken, daß ihm übel geworden war. Er wußte, daß es ein Zeichen der Bruderschaft war, das Essen mit ihnen zu teilen.
Die Eingeborenen sagten Nikolai: Es gibt vier Sorten von Menschen, die zu uns kommen – Verwalter, Händler, Missionare und Ethnographen. Aber wir haben noch nie jemanden getroffen, der wie du zu uns ins Haus kommt und sich wie einer von uns verhält. Du kannst unsere Nahrung essen, auf dem Boden schlafen und dich so wie wir benehmen. Wir glauben, daß du einer von uns sein mußt.
Als mich Nikolai auf eine Inselrundfahrt mitnimmt, begreife ich, daß sie recht haben. Die Eingeborenen bauen ihre Hütten im Landesinnern ziemlich weit von der Straße. Man könnte an ihnen vorbeifahren, wenn man nicht wüßte, wo sie zu finden sind. Nikolai weiß es; er eilt plötzlich in den Wald und winkt mich dann herbei. Als ich mich nähere, sehe ich eine vollständige melanesische Familie beim Holzfeuer sitzen und ihre Mahlzeit kochen. Es kauft einen Korb, der über dem Rauch in ihrer Hütte gehangen hatte, und gibt ihn mir. Er ist schwarz und riecht nach vielen Mahlzeiten.

Wir begegnen Eingeborenen von anderen Inseln, von Toara und Tongariki. Wir treffen ein polynesisches Ehepaar und ihre Kinder, die die schönsten der Welt sind. Der Mann ist hoch gewachsen und stolz, die Frau hat feine orientalische Züge. Er trägt ein Buschmesser und einen Korb aus geflochtenen Bananenblättern. Sie pflücken Obst und *taro.*
Wir sehen Kokosnußbäume mit roter Rinde, Schwärme von orangefarbenen Schmetterlingen, tropische Bäume in leuchtendem Orange, den Tabakbaum, der ein Gegengift bei Fischvergiftungen liefert.
Höchst entzückend sind die winzigen, unbeaufsichtigten Stände am Straßenrand: kleine, mit Stroh überdachte Buden, die Melonen, Bananen, Papaias, Brotfrüchte, *taro,* frische Eier feilbieten; der Preis für jede Ware ist angegeben. Man steckt das Geld in eine Schachtel. In alten Zeiten warnte ein Zeichen: »Betrüge nicht; Gott beobachtet dich.«
Als ich sehe, mit welcher Natürlichkeit Nikolai in die Hütten der Eingeborenen geht, mit ihnen in ihrer eigenen Sprache scherzt und lacht, verstehe ich, warum sie ihm ihre heiligsten Kunstgegenstände überlassen.
Nikolai holt mich eines Morgens gegen halb sieben ab; es gibt etwas, das ich unbedingt sehen muß. Tüchtige Spinnen haben außerhalb seines Museumgartens meterlange, feinste Netze über alle Büsche gesponnen, und der Tau hat sie in zarte Diamantfäden verwandelt, die im frühen Sonnenlicht glänzen. Die Netze sind kompliziert; sie erstrecken sich von einem Zweig zum anderen und schaffen dabei Innenräume edelsteinbesetzter Schlösser, Labyrinthe, zellartige Verwebungen, die sorgfältig wie Spitzenmuster ausgeführt sind und Halsketten, Anhänger und wehende Brautschleier bilden, die bald in der Sonnenwärme zergehen werden. Nikolai möchte, daß ich keines der Wunder von Port Vila verpasse.
Jedesmal, wenn ich die großen Trommel-Statuen, die hohlen Baumstämme mit den geschnitzten und bemalten Göttergesichtern an der Spitze, sehe, muß ich an Jerome Robbins' Ballett »Das Zeitalter der Angst« denken, in dem die Eltern, genau wie diese antiken Götter, auf unglaublichen Stelzen erscheinen und auf der Bühne spazieren, um zu erschrecken und einzuschüchtern. Hier erinnern sie mich eher an Wächter mit ihren Hakennasen und ihren riesigen herausstehenden Augen, die auf uns herabblicken, als wir uns zum Erinnerungs-

foto gruppieren. Wir fotografieren Pilioko und seine Bilderteppiche, Nikolai und sein Bild vom Dschungelinnern, einen unglaublichen geschnitzten Vogel im Flug, einen weiteren Vogel mit einem Manneskopf.
Nikolai, der Künstler und Weltreisende, tritt bescheiden in den Hintergrund, um Port Vila mit einer Zärtlichkeit vorzuführen, die ansteckender als alle Beschreibungen von Journalisten, Kunstkritikern und Schriftstellern ist. Was er mir zeigt, läßt ihn niemals unberührt. Eines Morgens führt er mich früh zum Markt, bevor die Sonne zu heiß wird. Die Eingeborenen-Frauen sind gekommen, um hier, unter den Bäumen neben der Hauptstraße, ihre Waren auszubreiten. Die interessantesten und schönsten Meeresmuscheln liegen auf Matten. Kokosnußschalen, die zu Bechern geformt sind. Früchte und Blumen, die zusammengestellt sind, als wären sie Malfarben; sie sind mit einem ausgeprägten Sinn für Muster und Proportionen geordnet und aufgebaut. Die Blumen sind mit dem Kunstverstand eines Matisse oder eines japanischen Blumenbinders arrangiert. Die Krabben sind zusammengebunden und kochen vor Wut. Die Frauen tragen kurze *mumus* mit hellen Blumenmustern; die Farben vermischen sich mit den Farben der Blumen, des Gemüses und der Früchte. Ihre Muskeln sind entspannt wie die Muskeln von Tänzerinnen, die bald die Bühne beherrschen werden; sie bewegen sich behende, sogar wenn sie beleibt sind. Sie sitzen unter Sonnenschirmen. Sie tragen Stirnbänder wie die Indianer in Amerika. Die ganz alten Frauen verfallen nicht, sie altern wie Holzskulpturen: voller Adern und Runzeln, aber ihre Gesichtszüge sind unversehrt, geschnitzt aus dem Holz der Hoheit und der Würde. Viele von ihnen reihen Muscheln für die Halsketten aneinander, die sie verkaufen; diese Halsketten sind – wie auf Tahiti oder auf Hawaii – Gruß- und Willkommenszeichen, Zeichen der Freundschaft. Nikolai macht Einkäufe. Er trägt einen Korb aus weichen, grünen, schmuck geflochtenen Palmenblättern; der Griff ist, damit er solide sei, aus geflochtenen Kokosnußfasern.
Um mir ein letzten Mal einen Geschmack von der Insel zu geben, führt mich Nikolai ins beste Fisch-Restaurant, das Houstalet. Die feinsten Meeresfrüchte werden auf einer langen Platte serviert. Eine der Spezialitäten ist eine Krabben-Leberpastete mit Kokosnuß, die so köstlich wie eine Gänseleberpa-

stete schmeckt. Die Mahlzeit endet mit einem Spezialgetränk, das Mitschutuschkin erfunden hat: Calvados mit Minze.
Ich höre ihn von seinen Plänen für das Museum für Ozeanische Kunst erzählen. Ich verabschiede mich mit dem Wunsch, das Museum möge bald gebaut werden, damit man Port Vila als eine reizende, moderne, vom Massentourismus verschonte Stadt auf einer tropischen Insel besuchen kann – auf einer Reise in die Vergangenheit von Ozeanien.
Der größte Glücksfall beim Reisen ist es, jemandem zu begegenen, der im Leben des besuchten Ortes aufgeht, ihn liebt und in enger Gemeinschaft mit seinen Bewohnern lebt. Nikolai schenkte mir die geheimnisvolle Insel Efate, auf der scheue und zurückgezogenen Eingeborene mir sonst nicht zugelächelt hätten. In der Sprache der Eingeborenen heißt *kousurata* reisen, umherziehen. Es gereicht ihm zur Ehre, daß er nach all seinen Wanderungen in Port Vila auszuruhen und Wurzel zu fassen beschlossen hat.

Die Schwalben verlassen Numea nie

Vom Flugzeug aus bemerkt man zuerst sanft umrissene kleine Inseln, die an der Küste von Neukaledonien entlangzuschwimmen scheinen, und man erinnert sich an die jugendliche Sehnsucht nach einer einsamen Insel. Nach einer Weile sind einige Inseln nicht mehr grün, sondern werden zu blauen Atollen, die einen Teil des Wallriffs bilden, das die Lagunen schafft und das Unterwasserleben schützt. Aber diese Korallenriffe können nur nahe der Wasseroberfläche leben; daher ist das, was unter dem Flugzeug liegt, ein Teppich von Opalen, Lapislazuli und Türkisen von solcher Schönheit, daß ein Künstler das Malen aufgegeben haben soll, nachdem er sie gesehen hat. Sie sind wie Farbtöpfe, die man kunstsinnig ausgeschüttet hat: in allen Farben des Meeres und des Himmels und mit der funkelnden Durchsichtigkeit von Edelsteinen.
Die Sehnsucht nach der einsamen Insel wird von einer Vielzahl leerer Strände erfüllt, die man nur mit dem Boot erreichen kann; dort können jene, die gerne fischen, haltmachen, ihren Fang braten und ihn in der Freiheit eines Robinson Crusoe verzehren.

Auf der Fahrt vom Flughafen bemerkt man eine neue und seltsame Baumart – Niaouli-Haine (eine Eukalyptusart, deren Rinde für die Hütten der Eingeborenen verwendet wird), die wie groteske, graue Riesen erscheinen; man sieht auch Cook-Pinien, die Kaptiän Cook liebte und deren gerade Stämme (oftmals bis zu dreißig Meter hoch) ihm als Ersatzmasten für sein Schiff dienten. Neukaledonien wurde von Kapitän Cook entdeckt. Es erinnerte ihn an sein Heimatland Schottland, und so nannte er es Neu-Schottland; aber ich sehe nur eine Landschaft mit sanften Umrissen und welligen Bergen, zu der der melanesische Name der Hauptstadt, Numea, so gut paßt.
Wenn man im modernen Hotel Château Royal ankommt, so beginnt das Paradoxon zu wirken, das einem die Sinne schärft. In der Hotelhalle ist eine Ausstellung Ozeanischer Kunst zu besichtigen, die zur Sammlung von Nikolai Mitschutuschkin gehört. Dunkle, furchterregende, gewaltige Figuren, geschnitzt aus Baumstämmen, manchmal aus Wurzeln von Feigenbäumen. Primitive, drei Meter hohe Götter beherrschen die Halle und machen die Kunst der Eingeborenen geltend. Dies alles wird von einem fröhlichen, sonnenerfüllten, sportlichen Ferienland umgeben, das einer unüberfüllten Riviera gleicht. Wir befinden uns Tausende von Kilometern von Frankreich entfernt auf französischem Gebiet, aber hier findet man die raffinierte Küche, die Parfüms, die eleganten Kleider Frankreichs, die französischen Bücher. Im Hotel kann man unter den Blicken der Götter ein Riviera-Leben am Meer führen.
Die ganze Insel ist von einem großen Korallenriff umgeben, so daß das Tauchen mit oder ohne Schnorchel voller Überraschungen und Schätze ist. Kurze Fahrten mit einem Boot, dessen Boden aus Glas ist, werden für jene durchgeführt, die die Schnorchelei lieber über Wasser praktizieren. Eine Bootsfahrt mit einem reizenden französischen Kapitän führt an schwimmenden Inseln vorbei (die mich an Desserts aus meiner Kindheit erinnern: *îles flottantes*, schwimmende Inseln) zu einer winzigen Insel am Hafeneingang; ein französisches Picknick-Mittagessen mit gegrilltem Fisch steht auf dem Programm. Auf der Insel befindet sich ein imposanter Leuchtturm, den Napoleon geschickt hat (einige sagen: aus Versehen nach Port de France in Numea statt nach Fort de France auf der anderen Seite des Globus in Martinique).

Numea ist ein Gegensatz von alt und neu. Moderne Gebäude und Wohnhäuser stehen neben Überresten von früher französischer Kolonialarchitektur; winzige Arbeiterhäuser aus sandfarbenem Holz mit spitzen, roten Blechdächern, die in den französischen Blitzableitern gipfeln, stehen neben klassischen Kolonialsitzen.

Es ist ein befriedigendes Erlebnis, aus einer modernen Stadt zu kommen – in der die Luft rein und die Frische erheiternd ist, deren Hügel mit wohlgepflegten weißen Villen übersät sind, die mit dem Geld aus der Nickelgewinnung gebaut wurden, die ihrerseits die vielen kleinen Häfen mit Booten aller Art und Größe füllte – aus all dem heraus und hinein in das erstaunliche Leben auf dem Meeresgrund zu treten: Man kann vom Hotel Château Royal zum Aquarium spazieren.

Das Aquarium ist heute einzigartig auf der Welt. Es wurde vor siebzehn Jahren von zwei Meeresbiologen, Dr. Catala und seiner Frau. Dr. Catala-Stucki, aus eigenen Mitteln erbaut. Numea zog sie mit der Vielfalt und der Vielzahl ihrer tropischen Fische und Korallen in den Lagunen an, die vom großen Wallriff geschützt werden. Die Fische und Korallen und die anderen Meerestiere werden in demselben Wasser, aus dem sie kommen, gehalten – in einer völlig natürlichen Umgebung (nichts in den Bassins ist leblos); sie werden ernährt, wie sie sich selber im Meer ernährt haben. Die Meerestiere leben länger in dieser Umgebung (einige Fische haben siebzehn Jahre im Aquarium gelebt), was den Catalas die Möglichkeit gegeben hat, langfristige Studien zu treiben. Im Laufe einer solchen Studie entdeckten sie die Fluoreszenz der Tiefsee-Korallen und förderten damit eine unbekannte Welt zutage – eine Welt, die die Juweliere beschämen kann. Unter Ultraviolettbestrahlung kann man beobachten, wie Korallen, die sich normalerweise nur nachts öffnen, um Nahrung einzunehmen, sich in ihrer geheimnisvollen Fluoreszenz auftun, und wie sie ihre Fühler auf Nahrungssuche ausstrecken. Das Leben des Meeres in seiner natürlichen Umgebung zu betrachten, war früher nur Tiefseetauchern vergönnt. Jetzt können Wissenschaftler ausgedehnte Untersuchungen von Korallen anstellen, ja sogar beobachten, wie Korallen einander verschlingen, wenn es ihrer zu viele gibt, oder Korallen beobachten, die sich von einem Ort zum andern bewegen. Dies wurde von Wissenschaftlern zunächst bezweifelt, aber Dr. Catala lud sie ein, sich an Ort und

Stelle zu überzeugen. Niemand hatte gewußt, daß Korallen im Meer dank ihren schwammartigen, luftgefüllten Kammern weniger schwer sind. Einige Korallen gleichen Blumen, die man nie zuvor gesehen hat, nur daß sie ein pochendes Herz haben. Einige sind mit winzigen Perlen und Diamanten besetzt. Einige sehen wie krause weiße Federn oder wie schneeweiße, mit Opalen und Amethysten besetzte Blütenblätter aus, während andere stachelige runde Bälle mit fünf silbrigen und einem roten Auge sind. Die Dornkoralle ist kalkweiß mit schwarzen Enden, die Pilzkoralle ist blaßgrün. Sie alle fressen Plankton mit ständigen, anmutigen Tanzbewegungen – mit nahezu unsichtbaren Schwingungen.

Dies sind die Schätze, die das mutige Ehepaar Catala für uns vom Meeresgrund heraufgeholt hat. Viele Hindernisse mußten überwunden werden. Wenn die Taucher in den Meerestiefen nach Korallen suchen, ist es entweder so dunkel und düster, daß sie oft den Korb, in den sie die Exemplare einsammeln, nicht finden können, oder aber die Taucher werden von giftigen Polypen gestochen. »Diese Riffe«, schreibt Dr. Catala, »sind eine Stätte üppigen und vielfältigen tierischen und pflanzlichen Lebens. Hier offenbart sich der Zauber der Korallengärten ... In der Welt der Koralle ist alles Leben und Bewegung, Licht und Farbe.«

Zurück in den leuchtenden, ewigen Frühling – die Schwalben verlassen Numea nie – mit Lagunen und Häfen voller tanzender Boote (so wie die Kanäle Venedigs voller tanzender Gondolen sind) und mit baumumsäumten, leeren Serpentinenstraßen, die die Buchten umzingeln. Die Bäume reichen bis an den Strand hinunter. Viele alte Männer spielen *boules* wie in Südfrankreich. Ein paar Fetzen orangefarbenen Rauchs steigen von der Nickelfabrik auf und werden von den Passatwinden vertrieben.

Vor langer Zeit kamen die Händler auf der Suche nach Sandelholz hierher, dann kamen die Walfischjäger, dann die Missionare. Zuletzt schickte Frankreich seine politischen Gefangenen auf die Insel. Ein Taxichauffeur erinnert sich an die Männer aus seiner Kindheit, die – in Decken gehüllt – auf der Insel umherzogen, Arbeit suchten und – was viel wichtiger war – eine Familie, der sie sich anschließen, für die sie arbeiten und mit der sie leben könnten, um die Wärme, die Familie und die Kinder zu haben, die sie durchs Exil verloren hatten. Er erinnert sich, wie ihn die Gefangenen verwöhnt und wie sie ihm ein Spielzeughaus gebaut haben. Sie haben auch die Kathedrale und andere öffentliche Gebäude gebaut. So wie man drei verschiedene Gerüche – den der offenen See, der Lagunen und der Häfen – feststellt, so bieten sich einem drei verschiedene Lebensweisen in Numea an: das sonnenerfüllte physische Leben mit Schwimmen, Bootfahren und anderen Sportarten; das unendlich faszinierende Meeresleben; und die Ozeanische Kunst im Museum. Hier merkt man, daß Neukaledonien ein geheimnisvolles, ein weitgehend unerforschtes Land ist. Seine Steinschrift ist noch nicht entschlüsselt worden.

Durch die Kunst der Eingeborenen wird man auf ein Volk aufmerksam, das seinen Schönheitssinn – anders als die westliche Kultur – nicht verloren hat. Unsere Blitzableiter, die wir zu unserem Schutz aufgerichtet haben, sind stets einfach und gleichen Antennen. Für die Melanesier verwandeln sich die geschnitzten, dünnen Holzstäbe auf ihren Hütten in außerordentliche Symbole beschützender Gestalten, in stilisierte alte Weise, die Mitgefühl und Segen verheißen. Masken aus Holz und Federn kennzeichnen den geistlichen Häuptling; Geräte, Äxte, Geld, Keulen, Speere, Pirogen, Schüsseln, Löffel, Messer – sie alle müssen geschmückt, bemalt, geschnitzt und manchmal mit Perlmutter eingelegt werden. Da ist eine Kiste voller magischer Steine, die man wegen ihrer vielsagenden Formen aufgehoben hat: phallische Steine als Aphrodisiaka, gebärmutterähnliche Steine für Fruchtbarkeit, Steine, die die Eigenschaft besitzen, Sonne oder Regen zu beschwören, oder die in der Schiffahrt helfen; andere sind dämonisch, gefährlich und bringen Wirbelstürme, Krankheit und Tod. Einige große Steine sind am Keulenende befestigt und dienen als *casse-tête*, als Schädelspalter. Die Melanesier haben ein Talent dafür, sich in natürliche Materialien zu kleiden, wie zum Beispiel in Röcke aus Jute oder Tapastoff, der aus den Wurzeln des indischen Feigenbaums oder der Rinde des Maulbeerbaums gewonnen wird. Die Speerspitzen sind aus Menschenknochen. Die Holzteller sind in Fisch- oder Schildkrötenform geschnitzt; sie alle werden ohne die uns bekannten Werkzeuge hergestellt. Jade wird gespitzt und dient als Beil.

Um der Eingeborenenkunst willen wünscht man sich eine dreitägige Inselrundfahrt mit dem Taxichauffeur J. Bizien, der während zwanzig Jahren Lastwagenfahrer gewesen ist und die abgelegenen Dörfer mit Nahrungsmitteln versorgt hat; er kennt alle Stämme und Stammeshäuptlinge.

Die Früchte- und Blumenarrangements im Hotel erinnern mich an die Japaner. In jedem Zimmer hängt ein gestickter Wandteppich von Aloi Pilioko, dem polynesischen Künstler, dessen Bilder, Zeichnungen und Handarbeiten im primitiven Stil eines ozeanischen Picasso jetzt berühmt sind. Da sind auch Wandmalereien von Mitschutuschkin, dem bekannten Maler und Sammler Ozeanischer Kunst.

Zwei Frauen treten als Symbole der vielen Gesichter Neukaledoniens hervor. Eine von ihnen ist Dr. Catala-Stucki (ihr Mann besteht darauf, daß sie ihren Mädchennamen mit seinem zusammen gebrauche), die hübsche, kräftige, dynamische Frau von Dr. Catala und seine Mitarbeiterin beim Bau des Aquariums. Sie ist Ozeanographin, Wissenschaftlerin und Tiefseetaucherin. Sie nahm an den gefährlichsten Tauchexpeditonen nach Korallen und Fischen teil. Obwohl sie nun über sechzig ist, taucht sie noch jeden Tag, um die besondere Meeresnahrung zu holen, die für die Aquariumsfische nötig ist. Sie strahlt eine Leidenschaft für ihre Arbeit, für ihr gemeinsames Werk aus, das aus persönlicher Hingabe und Energie entstanden ist. Es ist viel über dieses ungewöhnliche Paar geschrieben worden, aber die zutreffendste und bemerkenswerteste Beschreibung von Dr. Catala-Stuckis Werk ist im Buch ihres Mannes *Carnaval sous la mer* (Karneval unter der Meeresoberfläche) enthalten, weil Dr. Catala ein Talent zu schildern und einen Humor fürs Leben in den Meerestiefen hat, die ihn als Künstler und Dichter ebenso auszeichnen wie als Wissenschaftler.

Die andere Frau ist Janine Tabuteau, die Frau des Tourismusdirektors von Numea. Sie symbolisiert die Rassenmischungen, die die Zukunft einer Welt vorwegnehmen, die nunmehr in der Lage ist, sich selbst zu entwurzeln, umherzuziehen und das Wesen und die Eigenart vieler Kulturen in einer Person zu vereinigen. Janine ist Französin, Indonesierin, Chinesin und Russin. Am Anfang hatte sie für die exotische Schönheit, die diese Mischung schuf, und für die Konflikte, die ihrem Charakter Tiefe verliehen, nichts übrig. Als sie mit siebzehn in Paris ihr prächtiges, langes schwarzes Haar schneiden lassen wollte (»Wie alle anderen«), weigerte sich der Friseur. Alle spornten sie an, ihr charakteristisches Äußeres, ihre Mischung aus

Zurückhaltung und moderner Dynamik nicht zu verleugnen. Sie hat gelernt, köstliche chinesische Gerichte zu kochen, ihre einmalige Schönheit zu bejahen, Manager einer Firma für Baumaterialien zu sein und Architektur und Innenausstattung als eine Ergänzung zu dieser Firma zu betrachten. Es ist eigenartig, sie – mit ihrer sanften indonesischen Stimme und ihrem französischen Organisationstalent – am Pult des Geschäftsführers zu sehen. Abends geht sie heim, legt einen indonesischen Rock an und kocht Freunden ein erstaunliches Nachtessen. Ich spüre, daß sie die Zukunft vorwegnimmt, die Möglichkeit, eine exotische Frau zu bleiben (nicht wie alle andern zu sein) und doch aktiv am Leben der modernen Geschäftswelt teilzunehmen.

Die Pinieninsel – eine vom Meer ausgewaschene Vulkaninsel – liegt eine halbe Stunde von Numea entfernt jenseits der Korallenriffe. Das Meer zwischen den beiden Inseln ist mit Atollen übersät; einzelne ring- oder halbmondförmige Riffe umzingeln die Lagunen. Das Hotel Relais de Kanumera – ein ansprechendes Gebäude im Eingeborenenstil – ist an einer Lagune gelegen. Einzelne Bungalows sind zwischen den überwältigenden schirmartigen Buni-Bäumen verstreut. Vom Hotel aus sieht man eine winzige vulkanische Insel mit üppiger Vegetation in der Form eines Korbs, deren Sockel vom Meer ausgehöhlt wird. Die Kinder der Eingeborenen tauchen dort. Nachts sieht sie wie ein Schiff aus; zu anderen Zeiten verwandelt die Vegetation sie in eine Haarbürste.

Der beachtliche Hotelkoch kocht in einem offenen Haus; seine Feuerstätte ist eine riesige Grube davor. Es ist seltsam, so weit von Paris die klassische französische Küche vorzufinden, aber der Chefkoch fügt eigene tropische Spezialitäten hinzu, wie zum Beispiel gebackene Papaias mit einer Eiercremefüllung.

Die Flora auf der Pinieninsel ist einzigartig auf der ganzen Welt. Auch diese Insel wurde von den Sandelholzhändlern, den Walfischfängern und den Missionaren überfallen. Die katholischen Missionare aus Frankreich blieben, und nun erscheint die ganze Bevölkerung der winzigen Insel sonntags in der Kirche.

Wenn ich hier die Frauen betrachte, sehe ich, wie verschieden die kurzen *mumus* sind: in Primärfarben und voller Blumen, Blätter und Früchte. Einige von ihnen tragen Bänder überm

Haar wie die Indianer in Amerika. Neben der Kirche steht, allein, eine riesige Cook-Pinie – unglaublich hoch und gerade, eindrucksvoll wie eine Kathedrale.
Als man entdeckte, daß die politischen Gefangenen in den weiten Wäldern Neukaledoniens verschwinden konnten, wurden sie auf die winzige Pinieninsel geschickt. Das Gefängnis wird jetzt gegen die Straße hin von nahezu undurchdringlichen Akazienbäumen abgeschirmt und ist von einer hohen Steinmauer, die nun auseinanderfällt, eingefriedet. Das Gefängnis selber, düster und abschreckend, liegt halb in Ruinen. Die Dächer sind weg, nicht aber die schweren Ketten an den Wänden, und auch nicht die dreireihigen Gitterstäbe an den Fenstern. Die Kommunarden, die sich gegen die schlechten Löhne und das harte Arbeiterleben auflehnten, wurden hierhergeschickt. Sie hielten Paris im Jahre 1870 drei Tage lang und wurden dann entweder erschossen oder eingekerkert.
Auf der Inselrundfahrt reist ein alter Franzose im Bus mit. Sein Großvater väterlicherseits war ein Kommunarde, der aber in die Bretagne entkam und dort ein neues Leben aufbaute. Aber ein anderer Verwandter konnte nicht fliehen; als wir vor dem Denkmal stehen, das die Gefangenen zu Ehren ihrer toten Brüder errichtet haben, liest der alte Franzose die Namen auf dem Stein und ist tief bewegt, als er seinen Familiennamen entdeckt. Unter den Gefangenen, die auf der Insel starben, befanden sich Frauen, Kinder und auch jene, die mit einem Boot flüchten wollten, das auf den Korallenriffen zerschellte. Später, als ich auf dem Strand mit dem weißesten Sand auf der Welt den Rumpf eines versunkenen Bootes sehe, der aus dem Sand herausragt, denke ich an die Gefangenen, die zu entkommen versuchten.
Lange, nachdem ich das Gefängnis verlassen habe, stehe ich noch unter dem schmerzlichen Eindruck des Ortes, der um so deprimierender ist, als der Himmel, den man durch die kleinen, vergitterten Fenster sieht, tropisch, der Geruch der Lagune so nahe, der mehlweiße Sand so weich ist und es Blumen, Farnkräuter und tropische Büsche voller Sonne in Hülle und Fülle gibt.
Wir schauen uns nach Sandelbäumen um, finden aber keine auf der Insel. China zahlte hohe Preise für Sandelholz, das für religiöse Zwecke verwendet wurde. Die ersten Händler rissen

den Bäumen das Herz aus, um das Öl zu gewinnen, plünderten sie und zogen dann weiter.
Schnorcheltauchen eröffnet eine völlig andere Welt phantastischer Schönheit: rote, schwarze und blaue Seesterne; pilzförmige Korallen; Kopfkorallen mit blumenartigen, purpurnen Spitzen; Perlmutter-»Blumen« in der Form von Muscheln, die aber durchsichtig sind und auf einem Stengel schwimmen, als wären sie aus Seide; ein ribinroter Fisch; der maurische heilige Fisch mit seiner langen, gekrümmten Rückenflosse, die größer als sein Körper ist und eher wie ein Segel oder wie ein Vogelflügel aussieht; ein schwarzer Fisch mit zwei weißen Streifen, den man Zebrafisch genannt hat; ein anderer mit pechschwarzem Schwanz und brauner Kopfpartie, die von leuchtendem Orange umrahmt wird; andere Fische wiederum haben türkisblaue Halsstreifen. Die Farben sind phosphoreszierend, durchsichtig, juwelenartig. Die Fische verstecken sich in den Korallen und in den vielen Höhlen, die das Meer ins Vulkangestein gebohrt hat.
Auf der Wasseroberfläche gleiten die schönen, bemalten Pirogen mit ihren Auslegern und Segeln; sie sind aus Baumstämmen geschnitzt. Die melanesischen Eingeborenen haben kräftige Körper und dieselben kräftigen Füße wie Gauguins Polynesier auf Tahiti.
Die Insel ist voller Höhlen und Grotten. Sie befinden sich in den vulkanischen Tiefen und weisen die bekannten Stalaktiten und Stalagmiten auf. Am äußersten Ende der Kouaouate-Grotte ist eine Öffnung, durch die das Sonnenlicht eindringt wie der Heiligenschein über den Köpfen der Heiligen auf den biblischen Gemälden; und in diesem Wasserfall des Lichts hängen Feigenbaumwurzeln wie Leitern zwei Meter in die Tiefe und strecken weiße Fühler, die Wasser suchen, zehn Meter weit am Boden der Höhle aus.
Früher legten die Eingeborenen die Schädel ihrer Toten hier auf eine Felsbank, auf die ein schwaches Licht von oben fällt. Sie glaubten, daß vom Toten nur der Schädel erhalten bleiben sollte. Früher waren alle Höhlen Begräbnisstätten.
Es fällt schwer, die Gefangenen zu vergessen, die die Straßen gebaut haben, auf denen wir reisen. Aber dachten jene, die begnadigt wurden und nach Frankreich zurückkehrten, an die Lagunen, an den blendend weißen Sand, an die wirren Akazien, an die kilometerlangen Farnkräuter, an die schwimmenden

Inseln in der Goldbucht, an den Duft von Sandelholz und an die stummen Pirogen, die Kokosnüsse transportieren, zurück? Und an die Grotten, die den Höhlen in unseren Träumen gleichen?

Meine türkische Großmutter

Ich flog mit der Air France über Paris nach New York, als das Flugzeug in einen Möwenschwarm geriet und in Athen notlanden mußte. Zuerst saßen wir wartend herum und schauten hin und wieder zum Flugzeug hinüber. Unbestimmte Nachrichten sickerten durch. Einige Passagiere befürchteten, ihren Anschlußflug zu verpassen. Air France offerierte uns ein Nachtessen und Wein. Aber nachher gab es nicht genug Sitzplätze, so daß ich mich wie eine Zigeunerin auf den Boden hockte, zusammen mit einem reizenden Hippie-Paar, mit dem ich mich auf der Reise angefreundet hatte. Er war Musiker, sie war Malerin. Sie waren mit ihren Rucksäcken per Anhalter durch Europa gereist. Sie war schlank und zerbrechlich, und ich war keineswegs erstaunt, als er sich beschwerte, daß ihr Rucksack mit Vitaminen vollgestopft sei. Wie wir dasaßen und über Bücher, Filme und Musik sprachen, kam eine sehr alte Frau auf uns zu. Sie sah wie meine spanische Großmutter aus: ganz in Schwarz gekleidet, alt, aber nicht gebeugt, mit einem Gesicht wie aus Holz geschnitzt; die Furchen glichen Holzadern. Sie drückte mir einen Brief in die Hand, den sie am Hals in einem türkischen Stoffbeutel hängen hatte. Er war in vorzüglichem Französisch geschrieben. Darin bat ihre Tochter, daß man ihrer Mutter jede erdenkliche Hilfe leisten möge. Die Tochter sollte an der Sorbonne ihr medizinisches Doktordiplom in Empfang nehmen, so daß sie ihre Mutter für die Feier nicht abholen konnte; Air France sollte sich um sie kümmern. Ich las den Brief und übersetzte ihn meinen Hippie-Freunden. Obwohl ich mich mit der Frau nicht verständigen konnte, verband uns vier eine starke menschliche Sympathie. Sie wollte bei uns sitzen. Wir machten ihr Platz, und sie gab mir ihre alte, runzlige Hand, die ich in meiner hielt. Sie war unruhig. Sie wußte nicht, was geschehen war. Sie sah, daß sie ihr Rendezvous in Paris verpassen würde. Wir machten uns auf die Suche nach einem türkischen Mitreisenden, der übersetzen und ihr die Verspätung erklären könnte. Es gab keinen, aber wir fanden eine Air-France-Stewardeß, die etwas Türkisch sprach. Wir dachten, die alte Frau würde lieber bei der Stewardeß bleiben, aber als man ihr die Situation erläutert hatte, setzte sie sich wieder zu uns. Sie adoptierte uns. Stunden vergingen. Man sagte uns, daß das Flugzeug nicht instand gesetzt werden konnte, daß die Fluggesellschaft uns einige Stunden Nachtruhe in einem nahe gelegenen Hotel anbot und daß wir uns für einen frühen Flug mit einem anderen Flugzeug bereithalten sollten. Wir vier wurden in ein Taxi gesetzt, was meine türkische Großmutter mit solcher Angst erfüllte, daß sie meine Hand nicht mehr loslassen wollte; aber ihre Angst ließ jedesmal nach, wenn sie die zarten Züge und sanften Augen der jungen Malerin, das Lächeln und das freundliche Gesicht des Musikers sah und meine beruhigenden Worte auf französisch hörte, die sie nicht verstand. Im Hotel wollte sie nicht allein auf ihr Zimmer gehen. Ich ließ die Verbindungstür zwischen unseren Zimmern offen und erklärte ihr, daß ich gleich neben ihr sei. Sie prüfte das eine Zeitlang und willigte schließlich ein, ins Bett zu gehen. Einige Stunden später wurden wir geweckt und zum Flugzeug gefahren. Da ich in Paris umsteigen mußte, konnte ich sie nicht zur Wohnung ihrer Tochter begleiten. Ich mußte jemanden finden, der es für mich tun würde. Ich fragte die Reisenden und fand eine Frau, die versprach, sie mit dem Taxi an die im Brief angegebene Adresse zu fahren. Die alte Frau hielt meine Hand bis zuletzt. Dann küßte sie mich feierlich, küßte meine Hippie-Freunde und ging ihres Wegs. Da ich in ihrem Fischerdörfchen gewesen war, konnte ich mir das kleine Steinhaus vorstellen, aus dem sie kam, ihren Mann, den Fischer, ihre Tochter, die sie nach Paris geschickt hatten und die nun den hohen Titel eines Doktors erhalten sollte. Ob sie wohl rechtzeitig für die Feier ankam, die man ihr übersetzen mußte? Ich weiß, daß sie heil angekommen ist. Türkische Großmütter, die von den Großkindern der Welt beschützt werden, reisen stets wohlbehalten.

Quellennachweis

Die in diesem Band enthaltenen Essais, Aufsätze und Artikel erschienen im Original in den nachstehend aufgeführten Publikationen.

Eroticism in Women (Die Erotik der Frau), *Playgirl*, April 1974

The New Woman (Die neue Frau), Vortrag anläßlich einer »Feier von Frauen in der Kunst« in San Francisco, April 1974; veröffentlicht in *Ramparts*, Juni 1974

Being A Woman (Frau sein), Interview aus *Vogue*, 15. Oktober 1971

Notes on Feminism (Bemerkungen zum Feminismus), *The Massachusetts Review*, Winter/Frühjahr 1972

My Sister, My Spouse (Meine Schwester, meine Gattin), Vorwort zur Norton-Library-Ausgabe von *My Sister, My Spouse: A Biography of Lou Andreas-Salomé* von H.F. Peters

Between Me and Life (Zwischen mir und dem Leben), Besprechung des gleichnamigen Buches von Meryle Secrest in *The New York Times Book Review*, 24. November 1974

Women and Children of Japan (Frauen und Kinder Japans), unveröffentlichter Auszug aus den Tagebüchern der Anaïs Nin

In Favor of the Sensitive Man (Plädoyer für den empfindsamen Mann), *Playgirl*, September 1974

On Truth and Reality (Der Wille zum Glück), Vortrag gehalten vor der Otto Rank Association in Doylestown, Pennsylvania, am 28. Oktober 1972, veröffentlicht im *Journal of the Otto Rank Association*, Juni 1973

The Story of My Printing Press (Die Geschichte meiner Druckerpresse), *Publish-It-Yourself Handbook*, Pushcart 1973

Novelist on Stage (Der Romanschriftsteller auf der Bühne), Besprechung der Gesammelten Theaterstücke von D.H. Lawrence, *The New York Times Book Review*, 10. April 1966

Out of the Labyrinth (Aus dem Labyrinth heraus), Interview mit Jody Hoy, *East West Jornal*, August 1974

The Suicide Academy (Die Selbstmordakademie), Besprechung des gleichnamigen Buches von Daniel Stern, *The Village Voice*, 10. Oktober 1968

Miss MacIntosh, My Darling, Besprechung des gleichnamigen Buches von Marguerite Young, *Open City*, Los Angeles 1. Mai 1968

Angel in the Forest (Ein Engel im Wald), Besprechung des gleichnamigen Buches von Marguerite Young, *Los Angeles Times*, 8. Mai 1966

Edgar Varèse *Perspectives of New Music*, Princeton University Press, Frühling/Sommer 1966

At a Journal Workshop (In einer Tagebuch-Werkstatt), Besprechung des Buches *At a Journal Workshop: The Basic Text and Guide for Using the Intensive Journal* von Ira Progoff, *Los Angeles Times*, 19. Oktober 1975

Henry Jaglom: Magician of the Film (Henry Jaglom, ein Zauberer des Films), Besprechung des Films *A Safe Place* von Henry Jaglom, *Los Angeles Free Press*, 6. Oktober 1972

Un Chant d' Amour (Ein Liebeslied), Besprechung des Films von Jean Genêt, *Los Angeles Free Press*, 24. Dezember 1965

Ingmar Bergmann, Vortrag gehalten an der UCLA, Los Angeles, 12. Oktober 1973

The Labyrinthine City of Fez (Fes, die Labyrinthstadt), *Travel & Leisure*, Oktober/November 1973

Morocco (Marokko), aus den Tagebüchern der Anaïs Nin The Spirit of Bali (Der Geist Balis), *The Village Voice*, 6. Januar 1975

Port Vila, New Hebrides, *Travel & Leisure*, November 1975

The Swallows Never Leave Noumea (Die Schwalben verlassen Numea nie), *Westways*, Januar 1976

My Turkish Grandmother (Meine türkische Großmutter), aus den Tagebüchern der Anaïs Nin

Knaur®

Benoîte Groult

Foto: Isolde Ohlbaum

(65043)

(65040)

(65044)

(2997)

(3113)